星栞 HOSHIORI

2024年の星占い
・乙女座・

石井ゆかり

乙女座のあなたへ
2024年のテーマ・モチーフ
解説

モチーフ：優勝カップと月桂冠

　2024年、あなたは素晴らしい舞台に立って、大活躍をすることになるでしょう。コツコツ努力を重ね、高みを目指し、ついに夢や目標を達成できるのです。そこでは強いスポットライトを一身に浴び、まさに月桂冠のような、素晴らしい名誉と誇りを手にするあなたがいるはずです。あるいは、素晴らしい「達成」を果たせるのは、もしかすると2025年前半になるのかもしれません。いずれにせよ、栄冠を目指してひたむきに、自分自身の力で昇っていける年です。

はじめに

　こんにちは、石井ゆかりです。

　2020年頃からの激動の時代を生きてきて、今、私たちは不思議な状況に置かれているように思われます。というのも、危機感や恐怖感に「慣れてしまった」のではないかと思うのです。人間はおよそどんなことにも慣れてしまいます。ずっと同じ緊張感に晒されれば、耐えられず心身が折れてしまうからです。「慣れ」は、人間が厳しい自然を生き延びるための、最強の戦略なのかもしれませんが、その一方で、最大の弱点とも言えるのではないか、という気がします。どんなに傷つけられ、ないがしろにされても、「闘って傷つくよりは、このままじっとしているほうがよい」と考えてしまうために、幸福を願うことさえできないでいる人が、とてもたくさんいるからです。

　2024年は冥王星という星が、山羊座から水瓶座への移動を完了する時間です。この水瓶座の支配星・天王星は「所有・物質的豊かさ・美・欲」を象徴する牡牛座に位置し、年単位の流れを司る木星と並んでいます。

冥王星は深く巨大な欲、社会を動かす大きな力を象徴する星で、欲望や衝動、支配力と関連づけられています。すなわち、2024年は「欲望が動く年」と言えるのではないかと思うのです。人間の最も大きな欲望は「今より落ちぶれたくない」という欲なのだそうです。本当かどうかわかりませんが、この「欲」が最強である限り、前述のような「慣れ」の世界に閉じこもり続ける選択も仕方がないのかもしれません。

でも、人間には他にも、様々な欲があります。より美しいものを生み出したいという欲、愛し愛されたいという欲、愛する者を満たしたいという欲、後世により良いものを残したいという欲。「欲」が自分個人の手の中、自分一人の人生を超えてゆくほど大きくなれば、それは「善」と呼ばれるものに近づきます。水瓶座の冥王星は、どこまでもスケールの大きな「欲」を象徴します。世界全体にゆき渡る「欲」を、多くの人が抱き始める年です。

《注釈》

◆ 12星座占いの星座の区分け（「3/21〜4/20」など）は、生まれた年によって、境目が異なります。正確な境目が知りたい方は、P.124〜125の「太陽星座早見表」をご覧下さい。または、下記の各モバイルコンテンツで計算することができます。
インターネットで無料で調べることのできるサイトもたくさんありますので、「太陽星座」などのキーワードで検索してみて下さい。

モバイルサイト 【石井ゆかりの星読み】（一部有料）
https://star.cocoloni.jp/（スマートフォンのみ）

◆ 本文中に出てくる、星座の分類は下記の通りです。

火の星座：牡羊座・獅子座・射手座　　地の星座：牡牛座・乙女座・山羊座
風の星座：双子座・天秤座・水瓶座　　水の星座：蟹座・蠍座・魚座
活動宮：牡羊座・蟹座・天秤座・山羊座
不動宮：牡牛座・獅子座・蠍座・水瓶座
柔軟宮：双子座・乙女座・射手座・魚座

《参考資料》

・『Solar Fire Gold Ver.9』（ソフトウェア）/ Esoteric Technologies Pty Ltd.
・『増補版 21世紀 占星天文暦』/ 魔女の家BOOKS　ニール・F・マイケルセン
・『アメリカ占星学教科書 第一巻』/ 魔女の家BOOKS　M.D.マーチ、J.マクエバーズ
・国立天文台 暦計算室Webサイト

HOSHIORI

乙女座 2024年の星模様

年間占い

❋「未知を生きる」時間

　「わからなさ」の中で踏み止まる年です。わからないもの、未知のものの中に、時間をかけて居続けることが必要なのです。ゆえに、わからないものをわからないままに、その方向にずっと向かっていくことになります。

　たとえば外国に移住した時、「なぜこうなるのだろう」「どうしてこんな習慣があるのだろう」と感じ続けながらその謎を生きていく、というのに似ています。わからなくてもわからないなりに、それを手放さず、そのまま自分の生活や人生に組み込んでゆく作業が必要なのです。

　もちろん、謎は永遠に謎のまま、というわけではありません。ずっと後になって、点と点が全て線で繋がり「なるほど、そういうことだったのか！」とわかるはずです。ただ、この段階ではどうしても、「わからないことをわからないまま、続ける」ことが必要なのです。考古学者のように、謎を解くために丹念に手掛かりを集めていく人もいるでしょう。あるいは誰かの真意が理解できないままに、その人との関わりを維持し

ていく、といった努力をする人もいるはずです。世界も、他者も、最初は全くの「未知」です。私たちはわからないものを恐れたり、排除したり、「わからないから」といって関係を終了させたりします。それは必ずしも「悪いこと」ではありませんが、少なくともこの時期は、おそらく、それでは「もったいない」のです。

　未知の世界に初めて足を踏み入れた時、周囲の全てが完全なる「他者」です。馴染み深い相手、親しめる相手は一人もいません。完全に孤立しながらそれでも、なんらかの理由でその世界に踏み止まります。知り合いや仲間が「誰もいない」状態を続けるのは、非常に苦痛です。街角の猫や近所の飼い犬などと「挨拶」し、やっと仲良しを見つけた！という気分になったりします。たとえばそんな状況を受け入れ、新しいものに向き合い続けるのが、この時期の一大テーマです。

　簡単にわかったことや一瞬で溶け込めた世界に、私たちはあまり深い愛着を抱きません。苦労して勝ち得た関係性ほど、大切な「私のもの」となります。謎を謎のまま受け止め続けることは、人間にとって至難の業ですが、それを続けた時だけ、大きな人生の答えを

手にできます。この時期のあなたが追い求めてゆくのはそうした、大きな答えです。

❄ 前半は「旅の季節」

　この「未知の世界」へのアクセスが特に強調されているのが、年の前半です。乙女座の人々は既に2023年半ばから「旅の季節」に入っています。2024年5月末まで、遠出の機会が多い状態が続くでしょう。旅行や出張、留学、移住など、スケールの大きな移動を通して、人生が大きく変わります。特に2018年頃から新天地への移動を計画してきた人は、この2024年前半までに、その計画を実行に移すことになるかもしれません。行動範囲が一気に広がります。

　この時期の「遠出」は非常にスケールが大きく、ほとんど「宇宙旅行」のような様相です。冒頭に「未知の世界」のことを書きましたが、進めば進むほど「ここは本当に、不思議な世界だなあ！」という気持ちが深まります。文字通りの「外国」でそうした体験をする人もいれば、「異業種」「新しい人脈」などの新世界に身を置いて、異文化体験を重ねていく人もいるはず

です。この「新しい世界」が自分のものになるには、2026年頃までかかるかもしれません。時間をかけて馴染んでゆける時です。

後半は「大活躍・大成功の時間」

5月末から2025年6月上旬は「大活躍・大成功の時間」です。特に仕事や対外的な活動において、大きな飛躍を遂げる人が多いでしょう。昇進、転職、独立、起業など、キャリアにおける大転換が起こります。社会的立場が一変する時で、肩書きが変わり、見える世界も変わります。念願のポジションを得るために徹底的に頑張る人、仕事の裁量権や支配力を強めるためにアクションを起こす人、より大きな仕事をするために新しい行動に出る人もいるはずです。これまで取り組んでいた活動をきれいに手放し、全く新しい活動を始める人もいるかもしれません。また、念願だった専業主婦・主夫になるとか、地域コミュニティで非営利の活動を始めるなど、狭い意味での「仕事」の外側に出て、もっと広やかな社会に生きようとする人も少なくないだろうと思います。

新しい場に立てば当然、人間関係も変わります。ですがこの時期は「最初からウェルカムに受け入れられる！」という展開にはなりにくいかもしれません。距離感があったり、妙に緊張させられたりします。あるいは、周囲と自分の間に力の差がありすぎて、勝手に劣等感を感じたり、遠慮から周囲に対して距離を置いたりする人もいるかもしれません。とはいえ、それは「最初だけ」です。時間をかけて少しずつ関係を作り、最終的には非常に固い信頼関係を築き上げることができます。他者に学ぼうとする姿勢、マナーや礼儀を重んじる態度、じっくり観察しながら輪に入るスタンスが功を奏します。あなたはもともと、非常に美しいマナーを実践する人ですが、その上品な落ち着きが、この時期は最大の武器となるかもしれません。

❋ 広義の「働きたい」という欲

上記の「飛躍」の時間の中で、あなたの胸にいつもと違った、ある炎が燃え始めます。元来「働き者」の乙女座の人々ですが、2024年はその情熱に新しい火がつき、さらなる燃料が注がれるのです。働いて稼ぎた

い、という欲もさることながら、働くこと自体への欲望、野心が高まる時と言えます。人から必要とされることへの欲が出る人もいれば、より多くの人を自分の活動に巻き込みたい、という野心を抱く人もいるでしょう。この時期に芽生える「欲」は非常にスケールが大きく、2043年頃まであなたの胸に燃え続けます。

❋ 新しい希望のための「問題解決」

誰もが多かれ少なかれ、悩みや問題を抱えています。年齢を重ねるに従い、悩みが相対化されて軽くなっていく人もいますが、その一方で、解決されない痛みが増幅し、年々辛さがつのるという人もいます。2024年はそうした、長い間の慢性的な悩み、第三者には見えない、心をジリジリ焼かれるような痛みに、真正面から向き合える時間となっています。特に11月以降、自分の悩みが一体何でできているのか、どうしてこんなに辛いのかということを、非常に深いところまで追究できるかもしれません。

妬みそねみ、劣等感、罪悪感、自己否定、他者への否定、子供の頃の辛い記憶、孤独感、疎外感、「もっと

別の人生があったのではないか」という執拗な後悔。繰り返される望まないパターン、コントロールできない感情、なぜか大切なものを大切にできない悪癖。依存、共依存、支配欲、攻撃欲、良くないものに心惹かれてしまうクセ、その他諸々、誰もが自分の中に「制御できない、怪物のような力」を抱えています。2024年から、そうした「怪物のような力」に、不思議と働きかける糸口を掴めるかもしれません。その結果、徐々に強迫的な行動やコントロール不能だった行動パターンが、少しずつ変化し始めます。最終的に「解決できた」と感じられるのは10年、20年先かもしれませんが、それでもこの時期から、変容が始まるのです。これまでの悩みが深かった人ほど、2024年から少しずつ楽になり、光が見えてきて、人生が変わり始めます。

⟨ 仕事・目標への挑戦／知的活動 ⟩

　前述の通り、5月末から約1年「大活躍・大成功の時間」に入ります。大きくステップアップする人、「ブレイク」を果たす人も少なくないでしょう。なんらかの目標を掲げてそれを達成できる時期です。また、一大

プロジェクトを成功させるとか、重要な使命を果たすなど、スケールの大きな経験を通して急成長する人もいるだろうと思います。昇進、転職、独立、起業など、キャリアにおける大きな決断をすることになるかもしれません。社会的立場が変わり、周囲の見る目が変わり、期待されることの内容が変わります。

また、今まで「褒めてもらう・評価される」ことを目指していたのが、ここからは「褒める・評価する」側に回る、といった変化が起こるかもしれません。見てもらう側から見る側へのシフトチェンジはなかなか難しいかもしれませんが、ここまで頑張ってきた経験を通して、自分なりの「評価者」のポジションを築くことができるはずです。

働くことへの意欲や情熱が非常に強まり、ワーカホリックになりやすい時です。2024年に仕事を増やしすぎると、そのことが常態化し、次第に身体がついていかなくなる可能性も。この時期に休暇の習慣を作ったり、余裕を持った時間割を設定するなど、「走り続けられる仕事環境」のレールを敷くと、後々効いてくるようです。

2023年5月から2024年5月末は、素晴らしい学びの季節となっています。勉強、研究、取材活動、発信活動など、知的活動全般に強い追い風が吹き続けます。2018年頃から新しい知的活動への道を模索してきている人が多いはずですが、その模索がここで「花開く」気配があります。知的活動の世界で注目される人、ブレイクを果たす人もいるでしょう。「これだ！」と思えるものを見つけられそうな年です。

{ 人間関係 }

「違い」がポイントです。この時期の人間関係には、均質な親和性がほとんどありません。新たに出会う相手は年齢が大きく違っていたり、社会的立場が違ったりと、容易に共感できないのです。でも、それゆえに学べることがあり、逆に「教えて欲しい」と請われることになります。互いのギャップを埋めることがそのままコミュニケーションの核となり、対話が重なるほどに、じっくりと親しみを育てられるのです。出会ってから仲良くなるまでに時間がかかりますが、そこで生まれた関係は、簡単には消えません。親しくなって

も軽い敬語で接するような、いい意味での緊張感が持続し、その上品さ、マナーの良さが居心地良く感じられます。「土足で踏み込まない」という自制、抑制が、かえって強い信頼に繋がります。

　既にある人間関係においても、ほどよく距離を取る必要が出てくるかもしれません。たとえば相手が人生の転機にさしかかり、てんやわんやの状態にあるのを少し遠目に見守る、といったシチュエーションになるのかもしれません。また、相手の過去の傷や悲しみに寄り添い、じっと回復を待つような場面もあるかもしれません。こうした距離感や抑制の感覚を通して、お互いの大切さを新しい形で捉え直せます。普段から親しい相手や「身内」と呼べる相手より、遠くから来た人、距離のある人、目上の人や自分が守っている相手など、立場が大きく違う人のほうが、不思議と、あなたをより深く理解してくれる時です。秋以降は交友関係やチームワークに「熱がこもる」気配もあり、仲間内のケンカを仲裁したり、まとめ役として奮闘したりする場面もあるかもしれません。2025年4月半ばまでにはこうした荒ぶる状況も収束しそうです。

｛ お金・経済活動 ｝

　大きな動きが起こる時期ではなさそうですが、新しい「経済的なつながり」が生まれる気配があります。たとえば、生まれて初めてローンを組むとか、融資を受けてビジネスを始める、保険や金融商品に興味を持つなど、「新しい経済的関係を結ぶ」時なのです。お金の貸し借りや投資などは極力避け、コツコツ稼いで貯める、という堅実な経済活動を旨としてきた人も、「少しだけはみ出してみようか」という気持ちになるかもしれません。現金主義だった人がカードを使い始めたり、電子決済に慣れたりと、お金に関して「外界に出る」ような選択ができる時です。

　また、お金やモノに関して「不思議な縁が結ばれる」気配もあります。子供の頃に憧れたアイテムが偶然手に入るとか、衝動買いを通して新しい趣味に目覚めるといった展開もあるかもしれません。

｛ 健康・生活 ｝

　もともと「健康」への興味関心が強い傾向のある乙女座の人々ですが、2024年から2043年にかけて、そ

の熱量がぐっと深く、強くなりそうです。目新しい健康法や流行のサプリなどはできるだけ警戒し、「お金をかければかけただけうまくいく」といった発想に心を搦め取られないよう、注意したいところです。「健康への欲望に飲み込まれる」ことなく、地に足のついた健康を模索したい時です。

　ここからの約20年は、一時的に日々のコンディションが不安定になっても、生命力自体は強まる時間と言えます。たとえば、「ちょっとした病気で入院した時、食生活が健全になり、心身の調子が劇的に良くなったので、それ以降普段の生活や食生活を改めたところ、びっくりするほど健康になった」という人がいます。この時期はそんな「生まれ変わる」ような体験を通して、体質や心身の調子が一変する人もいるはずです。自分の身体に備わった強さ、レジリエンスを信じ、小さな努力をコツコツ続けると、「元気」に自信を持てそうです。

◉ 2024年の流星群 ◉

「流れ星」は、星占い的にはあまり重視されません。古来、流星は「天候の一部」と考えられたからです。とはいえ流れ星を見ると、何かドキドキしますね。私は、流れ星は「星のお守り」のようなものだと感じています。2024年、見やすそうな流星群をご紹介します。

4月下旬から5月／みずがめ座η流星群

ピークは5月6日頃、この前後数日間は、未明2〜3時に多く流れそうです。月明かりがなく、好条件です。

8月13日頃／ペルセウス座流星群

7月半ば〜8月下旬まで楽しめる流星群です。三大流星群の一つで、2024年は8月12日の真夜中から13日未明が観測のチャンスです。夏休みに是非、星空を楽しんで。

10月前半／ジャコビニ流星群
（10月りゅう座流星群）

周期的に多く出現する流星群ですが、「多い」と予測された年でも肩透かしになることがあるなど、ミステリアスな流星群です。2024年・2025年は多数出現するのではと予測されており、期待大です。出現期間は10月6日〜10月10日、極大は10月8日頃です。

HOSHIORI

乙女座 2024年の愛

年間恋愛占い

♥「呪いが解ける」年

　これまでもしあなたが「愛の呪い」にかかったような状態だったなら、その呪いが解ける年です。執着、疑心暗鬼、束縛や嫉妬、悲観や不安、傲慢や依存他、愛の世界では様々な「呪い」的現象が起こるものですが、そうした現象が静かに解消していく年なのです。一方、これまでとても幸福に過ごしてきた人は、その幸福な愛がちゃんと地に根を張り、今後も大樹へと育っていくことを実感できるでしょう。新しい生命力を吸い上げる根と幹の骨格が完成する年です。

｛ パートナーを探している人・結婚を望んでいる人 ｝

　非常に真剣に「その人」を探せる年です。責任持って出会いを探し、現実の中で夢を叶えよう、という意識が強まります。これまでどこか受け身だった人、偶然や他者の行動に期待する向きが強かった人ほど、そうした期待感をリセットして、「自分でやらなければ」という主体性を強められるようです。「自分が責任を持つかどうか」というラインが、乙女座の人々にとって

は、非常に重要です。というのも、乙女座の人は「これは、自分が責任を持とう」と決めたことには非常に主体的に、毅然として行動できますが、「自分の責任ではないかも」と思ったことについては、全く他律的になってしまう、という傾向があるからです。この時期の乙女座の人々は、出会いやパートナーシップに関する「責任感」のスイッチをハッキリと「オン」にすることになります。ゆえに、出会いへのプロセスが一気に動き出す可能性がぐっと高まります。

年齢や社会的立場などが大きく異なる相手との縁ができやすい時期です。「自分と似た相手」「均質性の高い相手」を探すより、敢えて「違いの大きい相手」を探すほうが、結果を出しやすいかもしれません。

｛ パートナーシップについて ｝

信頼関係が強まる時です。パートナーを一人の人間として、冷静に評価するような眼差しを持つ人が多そうです。「ここは尊敬できる」「こんな時にとても頼れる」など、相手への成熟した評価が高まるにつれ、関係性が安定し、明るい雰囲気が生まれます。この時期

はパートナーが人生の岐路にさしかかり、そのサポートを担うことになるかもしれません。相手の孤独感や不安を受け止め支える中で、信頼関係が育ちます。

　とはいえ、乙女座の人々はもともと、自他に対して「点が辛い」傾向があります。わざと欠点を探しているわけではなく、「欠点を直すことによって、向上できる」という前向きな意志を持っているからです。純粋な優しさによってダメ出しをし、相手の気持ちを害してしまう、というパターンで人間関係自体が壊れてしまったことがないでしょうか。この時期、パートナーシップにおいてそうした落とし穴を踏み抜く危険があります。まず相手の人格を尊重し、プライドを大切にすることで、相手側もアドバイスを受け入れる用意ができます。「3褒めて1指摘する」くらいのバランスで丁度いいのかもしれません。親しくなればなるほど指摘が鋭くなる傾向もあるあなたですが、この時期はその意味で、少し心の距離を取ると、関係がよりスムーズになる可能性もあります。「親しき仲にも礼儀あり」と言われますが、心の距離が近ければ近いほど、相手の心の痛みに対し、配慮したいところです。

｛ 片思い中の人・愛の悩みを抱えている人 ｝

　悩みの中心にいる相手、片思いの相手に対して、不思議な距離感が生まれるかもしれません。パッと冷静になれるとか、相手の幼さ、未熟さが気になって、固執する感情が薄らぐ、などの現象が起こりやすいようです。あるいは、物理的に距離を取ったり、「冷却期間」を作ったりすることで、抱いている悩みの中身を冷静に捉え直し、解決方法を探れるかもしれません。相手に投影していた幻想が消え、未来に向けて現実的な望みを持てる時です。悪い魔法が解けて「現実の階段をのぼり始める」モードにシフトできそうです。

｛ 家族・子育てについて ｝

　家庭生活において、役割分担が変化し始めます。家族がそれぞれ、人生の新しいステージに立つことで、必要とするケアの内容が根本的に変わり始めるのかもしれません。あるいはあなた自身が必要とするケアの形が、ここから変わってゆくのかもしれません。「今、本当に必要なのはどういうケアか？」という問いが生活の随所で浮かぶでしょう。固定観念を捨て、ゼロから

家庭生活を捉え直せる時間と言えます。

　2008年以降、子育てについて深い悩みを抱えていた人は、2024年を境にそうした心情から抜け出せそうです。たとえば子育てを取り巻く環境が変わったり、なんらかの手助けを受けられるようになったり、自分自身の考え方が変化したり、といったことをきっかけに、「縛り」がほどかれる可能性があるのです。また、子供の頃の辛い経験が、現在の子育てにおける呪縛のように作用していたり、ある種の価値観・考え方に縛られて自分らしい子育てができにくかったりした人も、そうした辛い状況から抜け出せそうです。なんらかの心情的「卒業」を果たし、より自由な気持ちで子供に向き合えるようになるはずです。

{ **2024年　愛のターニングポイント** }

　1月から2月半ば、3月半ばから4月、8月、9月から12月頭に、愛の強い追い風が吹きます。特に9月後半は、「ミラクル」な出来事が起こりそうです。

HOSHIORI

乙女座　2024年の薬箱
もしも悩みを抱えたら

❖ 2024年の薬箱 〜もしも悩みを抱えたら〜

　誰でも日々の生活の中で、迷いや悩みを抱くことがあります。2024年のあなたがもし、悩みに出会ったなら、その悩みの方向性や出口がどのあたりにあるのか、そのヒントをいくつか、考えてみたいと思います。

◆ 時間をかけて関わる意義がある

　2023年に引き続き、一対一の人間関係における悩みを抱く人が少なくないでしょう。ただ、2023年中の努力や試行錯誤が、ここへ来てだんだんと効果を現します。とりつく島もなかった相手が徐々に理解できてきたり、冷たかった相手との距離が縮まったのを感じたりする場面がありそうです。人との関わりの中で背負うものが増える人もいるでしょう。たとえば「この人にはこういう言い方をしなければ通じないのだ」とわかって、相手への特別なインタフェースを整えて意思疎通が図れるようになった時、その進展に安堵する一方で「この人には、自分のありのままをぶつけても、わかってはもらえないのだ」という孤独感、絶望感が湧

いてくる、といったこともあるかもしれません。でも、こうした試行錯誤は「そこで終わり」ではありません。必ず「その先」があります。相手の態度が徐々に変化し始めたり、自分が相手について少し誤解していたことがわかったりと、関係性がさらに、変わっていくのです。この時期の関係性の進展・変化には、とにかく時間がかかります。2026年頭までには必ず、トンネルを抜け出せます。粘り強く関わってみて。

◆ケンカの炎は、燃やし尽くしたほうが早い

9月から11月頭まで、仲間や友達、チーム内でのゴタゴタに巻き込まれるかもしれません。ケンカを収めるため奔走するあなたがいるようです。ただ、ここではできるだけ「膿を出す」ことが大事なのかもしれません。揉め事は年明けから4月半ばにかけて「再燃」する気配も。慌てて「すぐに丸く収めよう」とせず、一人一人の情熱を大切に。

2024年のプチ占い（牡羊座〜乙女座）

牡羊座（3/21-4/20生まれ）

特別な縁が結ばれる年。特に春と秋、公私ともに素敵な出会いがありそう。年の前半は経済活動が熱く盛り上がる。ひと山当てる人も。年の半ば以降は、旅と学び、コミュニケーションの時間へ。成長期。

牡牛座（4/21-5/21生まれ）

約12年に一度の「人生の一大ターニングポイント」が5月末まで続く。人生の転機を迎え、全く新しいことを始める人が多そう。5月末以降は、平たく言って「金運の良い時」。価値あるものが手に入る。

双子座（5/22-6/22生まれ）

大きな目標を掲げ、あるいは重大な責任を背負って、ひたむきに「上を目指す」年。5月末からは素晴らしい人生のターニングポイントに入る。ここから2025年前半にかけ「運命」を感じるような出来事が。

蟹座（6/23-7/23生まれ）

夢と希望を描く年。素敵な仲間に恵まれ、より自由な生き方を模索できる。新しい世界に足を踏み入れ、多くを学べる年。9月から2025年春にかけて「自分との闘い」に挑む時間に入る。チャレンジを。

獅子座（7/24-8/23生まれ）

大活躍の年。特に5月末までは、仕事や対外的な活動において素晴らしい成果を挙げられる。社会的立場がガラッと変わる可能性も。独立する人、大ブレイクを果たす人も。11月以降も「勝負」の時間。

乙女座（8/24-9/23生まれ）

冒険と成長の年。遠い場所に大遠征を試み、人間的に急成長を遂げる人が多そう。未知の世界に思い切って足を踏み入れることになる。5月末以降は大活躍、大成功の時間へ。社会的立場が大きく変わる。

（※天秤座〜魚座はP.96）

HOSHIORI

乙女座 2024年 毎月の星模様

月間占い

◆星座と天体の記号

　「毎月の星模様」では、簡単なホロスコープの図を掲載していますが、各種の記号の意味は、以下の通りです。基本的に西洋占星術で用いる一般的な記号をそのまま用いていますが、新月と満月は、本書オリジナルの表記です（一般的な表記では、月は白い三日月で示し、新月や満月を特別な記号で示すことはありません）。

♈：牡羊座	♉：牡牛座	♊：双子座
♋：蟹座	♌：獅子座	♍：乙女座
♎：天秤座	♏：蠍座	♐：射手座
♑：山羊座	♒：水瓶座	♓：魚座
☉：太陽	●：新月	○：満月
☿：水星	♀：金星	♂：火星
♃：木星	♄：土星	♅：天王星
♆：海王星	♇：冥王星	
℞：逆行	Ɖ：順行	

◆ 月間占いのマーク

　また、「毎月の星模様」には、6種類のマークを添えてあります。マークの個数は「強度・ハデさ・動きの振り幅の大きさ」などのイメージを表現しています。マークの示す意味合いは、以下の通りです。

　マークが少ないと「運が悪い」ということではありません。言わば「追い風の風速計」のようなイメージで捉えて頂ければと思います。

★彡	特別なこと、大事なこと、全般的なこと
✊	情熱、エネルギー、闘い、挑戦にまつわること
🏠	家族、居場所、身近な人との関係にまつわること
¥	経済的なこと、物質的なこと、ビジネスにおける利益
✎	仕事、勉強、日々のタスク、忙しさなど
♥	恋愛、好きなこと、楽しいこと、趣味など

1

JANUARY

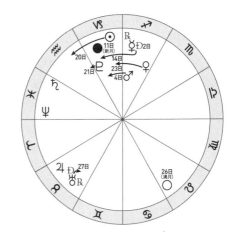

◆「やりたいこと」を最優先。

意欲が湧いてきます。やりたいことがどんどん出てきて、時間が足りないほどです。クリエイティブな活動や趣味、遊びなどに全力投球する人もいるでしょう。基本的には「やるべきことをやってから楽しむ」のが乙女座的なスタンスですが、この時期はその優先順位をひっくり返す勇気も大事です。

◆優しい愛情で解決してゆく問題。

12月半ばからなんとなく調子が悪かった人、停滞や混乱を感じていた人は、年明けとほぼ同時に、流れが上向きに転じます。日々、生活を包む雰囲気が明るくなっていくのを感じられるでしょう。特に家族や身近な人とのコミュニケーションにおいて

問題を抱えていた人は、年明け以降、一気に問題が解決していくはずです。周囲との関わりにおいて今大事なのは、愛情です。笑顔や優しさ、美味しいものを食べることなどで解決に向かうテーマが、今は結構、あるようです。

◆ 喜びの復活。

「ライフワーク」的なテーマを見つめ直せる時です。趣味や楽しみなどは特に、人生のフェーズごとに変わったり、失われたりするものですが、一度失った喜びや世界観をこの時期、新しい形で復活させることができるかもしれません。

♥ 本物の優しさを探す旅。

情熱の季節です。カップルは熱い時間を過ごせそうですし、パートナーを探している人はガンガン行動して、結果を出せるでしょう。理想の相手として「優しい人」と言う人はたくさんいますが、「優しそうに見える人」と「本当に優しさを持っている人」は違います。本物の優しさを見る目を。

》》 1月 全体の星模様 《

12月半ばから射手座で逆行中の水星が2日、順行に戻ります。コミュニケーション上の問題、遠方とのやりとりや移動の問題が解決に向かうでしょう。とはいえ月の半ばまでは、流言飛語の危険も。火星は山羊座で力を増し、権力闘争が煽られます。21日、昨年3月以来二度目の冥王星水瓶座入り、時代の大きな節目に。ただし冥王星の水瓶座入り完了は11月20日、まだ中間地点です。

2

FEBRUARY

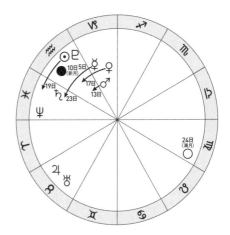

◆**創造性を活かす喜び。** ♥ ♥ ♥

とても楽しい時期です。頭に浮かんだアイデアやイメージを現実に変えていく、クリエイティブな活動に没頭できる時期なのです。あなたはもともととても創造的な人ですが、その創造性を生活のあらゆる面で活かすことができます。趣味や遊びなど「なんのためでもない活動」も、熱く盛り上がります。

◆**二つの節目に起こる新展開。**

10日前後、ちょっと変わった任務を引き受けることになるかもしれません。個人的に学んできたことを、日常の任務の上で活かせるようになる可能性も。あるいは逆に、ここで新しく引き受けた役割の中で、必要なことを学ぶうちに、新境地を開くこ

とができるのかもしれません。24日前後はこれまでずっと頑張ってきたことが大きく報われるタイミングです。目標を達成したり、準備してきたことを実行に移したりできます。目上の人や、普段どちらかと言えば敬遠している相手が、ここで意外な味方になってくれるようです。

♥熱い愛の季節。　　　　　　　　　　

17日まで、素晴らしい愛の季節となっています。愛を探している人、愛の世界で叶えたいことがある人は、この時期ごく積極的に行動し、結果を出すことができるでしょう。2月はバレンタインがありますが、この機会を最大限に活かすことも一案です。「何か起こらないかな」と待ち続けているには、もったいないような星回りです。パートナーがいる人も、この時期は遠慮なく愛情表現したい時です。このところ相手との間に距離を感じている人もいるかもしれませんが、その距離感の本当の理由を愛によって解明できそうです。疑心暗鬼や誤解がスルスルと解けていく可能性も。

》》 2月 全体の星模様 《

火星は13日まで、金星は17日まで山羊座に滞在します。2022年の1月から3月頭に起こった出来事をなぞるような、あるいは明確にあの頃の「続き」と感じられるような出来事が起こるかもしれません。さらに月の半ばを過ぎて、社会的に非常にビビッドな転換点が訪れるでしょう。冥王星に火星、金星が重なり、人々の「集合的無意識」が表面化して大きな潮流が生じます。

3

MARCH

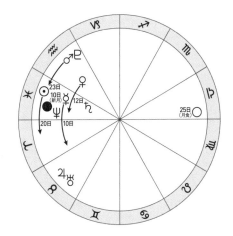

◆色々な意味で「嵐のよう」な日々。

多忙期です。嵐のような日々を過ごすことになるでしょう。あちこちから出動要請を受け、頼りにされ、情熱を燃やしてタスクに取り組むことになります。普段から暮らし方や働き方に問題を抱えている人は、ここで大きく方向転換できます。「辞表を叩きつける！」といった激しい選択をする人も。

◆人間関係は右肩上がりに好転する。

人間関係に独特な波がある時です。月の上旬までは特に、「人の都合に振り回される」感じが強いかもしれません。なかなか真意が伝わらなかったり、調整が難航したりと、もどかしい場面も多そうです。ただ、粘り強くコミットしてゆくうちに、12日

頃を境に突然、状況が好転しそうです。また、10日前後には公
私ともに、少々ドラマティックな出会いがあるかもしれません。
意外な人が突然、心を開いてくれるかも。

◆「欲」があるから、頑張れる。

25日前後、経済的にとても嬉しいことが起こりそうです。あな
たが丹精して育ててきた苗から素晴らしい収穫ができるような、
「努力が実を結ぶ」タイミングと言えます。貪欲に頑張ってきた
人ほど、大きな報酬を手にできる時です。

♥前半に問題があっても、後半解消する。 ♥ ♥

月の上旬は不器用さが目立つかもしれません。行き違いやすれ
違いも多く、不安な場面もあるでしょう。ただ、この時期のほ
とんどの不安、悲観は単なる妄念、「疑心暗鬼」にすぎません。
12日を過ぎると状況は一転、キラキラの愛の日々が始まります。
月初に起こった問題も、半ば以降には解決していきます。相手
への優しさ、素直さ、正直さを大切に。

》 3月 全体の星模様 《

火星が冥王星と水瓶座に同座し、非常に鉄火な雰囲気が漂います。
2023年頃から静かに燃え始めた野心が、最初のハッキリした「発
火」を起こしそうです。月の上旬は水星が魚座に位置していて、コ
ミュニケーション上の混乱が起こりやすいかもしれません。10日
を境にその混乱がすうっと収まり、かわってとても優しい愛が満
ちてきます。共感と信頼、救済の力を感じられます。

MONTHLY
HOROSCOPE

4

APRIL

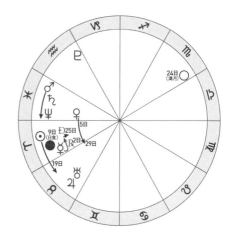

◆ **全力でぶつかっていく勇気。** 👊 👊 👊

人間関係に熱がこもります。情熱的な人物、個性的な人物に出
会い、多くの刺激を受け取れそうです。一方、タフな交渉に臨
む人、誰かと「真剣勝負」する人も。かなり厳しい戦いに巻き
込まれる気配もありますが、ここで思い切ってぶつかっていく
ことで、慢性的な問題を打開できる可能性が。

◆ **「どんぶり勘定」でちょうどいい。** ¥

経済活動が少々混乱を来すかもしれません。行き違いや計算違
いがあったり、支払いを待って欲しいと言われるなど、想定通
りにならないことが増えます。あらかじめ余裕を持って予算を
組み、関係者の要望にはできるだけ柔軟に対応したいところで

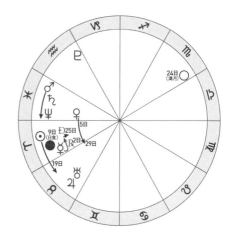

す。この時期の問題の多くは、時間が解決してくれます。遅くとも月末には、正常化の目処（めど）が立つでしょう。パートナーの経済活動に問題が起こる気配もありますが、これも時間をかければ片づきます。長い目で見てどっしり構えることで、関係性自体に傷をつけずに済みます。今は「どんぶり勘定」くらいのほうが、フィットするようです。

♥ 愛の世界にも「衝突」が起こる。　　　　👊👊👊

あらゆる意味で「熱い」時です。情熱的なアプローチを受ける人もいれば、自分からガンガンプッシュする人もいるでしょう。また、フィジカルな交流が非常に濃密になる時でもあります。一方、激しく衝突したり、大ゲンカになったりする可能性も。ぶつかると非常にシビアな展開になります。言いたいことを言い合えるのは素晴らしいことですが、親しき仲にも礼儀あり。ケンカ中でも愛を伝えること、必要とする気持ちを言葉にすることが大事です。愛を探している人は、一見トラブルのように見えることが、愛の発端になるかも。

▶▶ 4月 全体の星模様 ◀

水星が牡羊座で逆行し、そこに金星が重なります。これは、混乱や緩みが感じられる配置です。年度替わりに「スタートダッシュ！」と意気込んでも、なぜかもたもた、ノロノロするかもしれません。先を急がずどっしり構えることがポイントです。魚座で土星と火星が同座し、ある種の手厳しさが強調されています。不安が反転して怒りが燃え上がるような、「逆ギレ」的展開も。

5
MAY

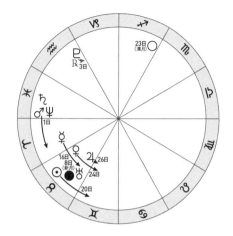

◆**学びと旅の「到達点」。** ★彡★彡

2023年5月から続く「冒険と学びの時間」が、ここで最終段階・クライマックスを迎えます。多くの人が遠方に旅をすることになるでしょう。あるいは、これまで学んできたこと、研究してきたことの「集大成」的なものをまとめることになるかもしれません。飛躍的なステップアップの時です。

◆**「機会」という熱いギフト。** ¥ ¥

人から熱心なオファーを受けたり、誰かがあなたのために素晴らしい機会をセッティングしてくれたりする場面があるかもしれません。「向こうから来た話を受け取る」ことが即、新鮮なチャレンジに発展します。誰かがくれたチャンスの中に、自分で

は決して選ぶことも見出すこともできない、特別な縁が潜んでいます。誰かの手が、あなたと未来をぐっと結びつけてくれるようなタイミングです。

◈ 大活躍の1年へ。

20日から26日にかけて、新しいミッションがスタートしそうです。ここから2025年6月上旬にまたがって、「大活躍の季節」に入るのです。社会的立場が大きく変わる人、追いかけ続けた目標にやっと手が届く人もいるでしょう。

♥「非日常」の中に展開する愛。

愛の世界にも「アドベンチャー」感があるかもしれません。たとえば、パートナーが意外な世界に連れていってくれたり、旅先で素敵な人に出会えたりと、非日常の中で愛のドラマが展開する感じがあるのです。愛を探している人、恋愛関係を深めたい人は、慣れた世界や日常的な環境からまずは抜け出してみることがポイントです。学びの場での出会いも。

▶▶▶ 5月 全体の星模様 ◀

牡牛座に星々がぎゅっと集まり、2023年5月からの「牡牛座木星時間」の最終段階に素晴らしい彩りを添えます。約1年頑張ってきたことがここで、非常に華やかな形で「完成」しそうです。牡牛座は物質・お金の星座であり、社会的には経済や金融などの分野で大変化が起こる可能性があります。20日から26日にかけて星々は順次双子座へ移動し、新しい時間が幕を開けます。

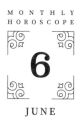

MONTHLY HOROSCOPE

6

JUNE

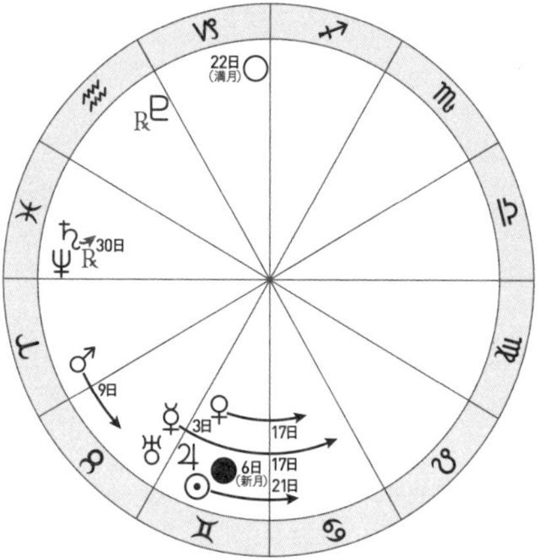

◈慣れてしまえば独壇場。

大忙しの時間です。特に月の前半は、同時に複数の案件が始まって、てんやわんやの状態になるかもしれません。一人何役も引き受けて駆け回っている人、全く新しい世界に飛び込んで必死に頑張っている人もいるでしょう。緊張するのは最初だけです。すぐに慣れて、のびのび動けるようになります。

◈遠出すること、チャレンジすること。

9日以降、熱い遠出の時間となります。5月末までの「冒険の時間」に開拓したルートを、ここで縦横無尽に使えるようになっています。過去1年こちらから働きかけていた相手が、今度は向こうから情熱的に誘いかけてきてくれるかもしれません。熱

い知的活動の時間でもあります。特に、発信活動に取り組んでいる人には、素敵なチャンスが巡ってきそうです。慣れたことの中に閉じこもらず、思い切って新しい取り組みを。

◆新しい挑戦、仲間に助けられる。

6日前後、新しいミッションがスタートします。突然重要なポジションに抜擢されたり、いきなりビッグプロジェクトに参加したりする人も。ひとまず飛び込んでしまえば、結果オーライとなります。月の後半、仲間に恵まれます。

♥「何を欲しているか」がカギ。 ♥

月の上旬まで、とても官能的な時間が続いています。ニーズをできるだけ明確に伝え、応えてもらえたら喜びを伝えることで、関係がぐっと好転します。22日前後、「愛が満ちる・実る」タイミングです。愛を探している人も、この日の前後に衝撃的な出会いに恵まれる気配が。自分が何を欲しているのか、何を必要としているのかを、深く自問して。

>> **6月 全体の星模様** <<

双子座入りした木星に、水星、金星、太陽が寄り添い、ゆたかなコミュニケーションが発生しそうです。どの星もにぎやかでおしゃべりな傾向があり、あらゆる立場の人が一斉にしゃべり出すような、不思議なかしましさが感じられるでしょう。17日、水星と金星が揃って蟹座に抜けると、騒々しさは少し落ち着くかもしれません。全体に「流言飛語」「舌禍」に気をつけたい時間です。

7

JULY

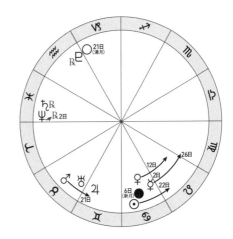

◆ **探究、発見、納得。**

「未知の世界」に深く踏み込める時です。未経験のことを試したり、新しいことを学んだり、「謎解き」のような作業をする人もいるでしょう。なんらかのテーマや命題をじっと見つめ、粘り強く向き合う中で、突然「ああ！そうか！」と弾けるような発見が生まれます。「アハ体験」ができる時です。

◆ **熱い大チャレンジの時間へ。**

21日以降、仕事や対外的な活動における一大チャレンジの時間に入ります。ここから9月にかけて、嵐のような大挑戦に挑み、見事大金星を挙げることになるのです。特に26日を境に、爆発的な活躍期を迎えます。全力で勝負して新境地を切り開けます。

社会的立場が一変する人も。

◆「受け止めてくれる」存在。

優しい助け船を出してもらえます。人の親切さ、愛情に包まれて、ホッとできる場面が多いでしょう。プレッシャーやストレスに苛（さいな）まれる場面で、優しく背中を押してくれる誰か、疲れた心を受け止めてくれる誰かがいてくれるはずです。

♥「汗を流す」ことの効果。 ♥♥

12日までとても爽やかな愛の追い風が吹いています。カップルは息の合った動きができますし、互いをリスペクトする気持ちが強まるでしょう。人としての尊敬、信頼が生まれます。愛を探している人は、月の前半までは広く外に出るとチャンスを掴みやすいでしょう。半ば以降は助け合うこと、目標に向かって頑張ること、問題解決への取り組みなど、「汗をかく」ことがチャンスに繋がるかもしれません。21日前後、特別な愛のドラマの気配が。

》》 7月 全体の星模様 《

牡牛座の火星が天王星に重なり「爆発的」な雰囲気です。特に経済活動に関して、驚きの変化が起こりそうです。蓄積されてきたエネルギーに火がつく節目です。21日、火星は木星が待っている双子座に入ります。この21日は今年二度目の山羊座の満月で、水瓶座に移動完了しつつある冥王星と重なっていて、こちらも相当爆発的です。世の中がガラッと変わるような大ニュースも。

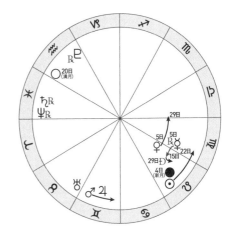

◆**ハードな局面で、緩さが生きる。**

ガンガン挑戦できる時間なのですが、なぜか思うように前に進めなかったり、待たされたりと、空回り感もありそうです。理想通りに動けなくとも自他を責めず、ある意味「のんきに」過ごすことが、この時期の流れに乗るポイントです。ハードな勝負の場面ほど、優しさ、緩さがなぜか武器になります。

◆**結果は後からついてくる。**

月の前半は特に、もたつきや混乱が感じられるかもしれませんが、半ば以降は動きやすくなります。手応えやフィードバックがなくとも、ひとまず自分の信じるところに従って、黙々と闘っていきたいところです。結果は少しタイムラグを置いてから

「ついてくる」ことになっています。

◆快美の星・金星と楽しむ。
楽しいこと、嬉しいことの多い時です。夏休みは思い切り遊べるでしょう。また、イメージチェンジをはかる人も多そうです。ヘアスタイルやファッションを一新してみて。

♥スイートで鷹揚なキャラクター。
キラキラの愛の季節です。あなたの魅力や優しさに強いスポットライトが当たり、注目されたり、褒められたり、誘われたりする場面が増えるでしょう。カップルもフリーの人も、嬉しいことが多い時期です。また、失った愛がよみがえる気配も。とはいえ、愛の世界においても、物事が「予定通りにいかない」傾向が。スケジュールが何度も変更になったり、連絡がつきにくくなったりしても、慌てず焦らず、どっしり構えて。せっついたり、早く答えを出そうとしたりすると、逆効果です。スイートな鷹揚さが強みになります。

》 8月 全体の星模様 《

双子座に火星と木星が同座し、あらゆる意味で「熱い」時期となっています。荒ぶるエネルギーが爆発するようなイメージの配置で、普段抱えている不満や問題意識がはじけ飛んだようなアクションを起こせそうです。徹底的な交渉の上で要求を通せます。一方、5日から29日まで水星が乙女座ー獅子座にまたがって逆行します。金星も重なっていて、少々グダグダになる雰囲気も。

MONTHLY HOROSCOPE

9

SEPTEMBER

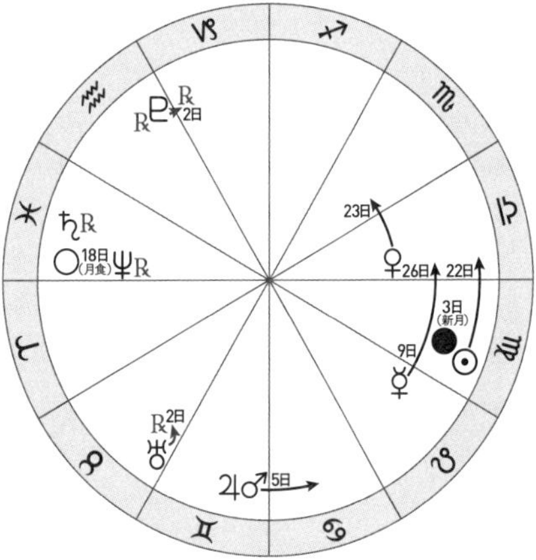

◈8月中の混乱から脱出する。 ★★★

爽やかな好調期です。8月中にもどかしかったこと、混乱したことも、9月に入るとすうっと消えていきます。特に9日以降は気持ちが軽くなり、何をするにも素晴らしい追い風を感じられるでしょう。ややこしいトラブルも解決しますし、プレッシャーやストレスからもスッキリ解放されそうです。

◈新しいフィールドを「使う」。

7月下旬から仕事や対外的な活動において「大勝負」の時間に入っていましたが、5日にその勝負が一段落します。嵐のような多忙さから解放され、ホッとひと息つけそうです。過去2ヵ月ほどの中で開拓した新しいフィールドで、のびのびと自由に

活動できるようになります。新しい仲間が増え始め、最初は噛み合わない部分もあるかもしれませんが、徐々に心の距離を縮めていけます。議論を避けすぎないで。

◇明るいスタートライン。

3日、とても素敵なスタートを切れます。突然ぽんとジャンプアップするような変化も。18日前後、人間関係全般に、非常に前向きな変化が起こります。「気持ちが通じる」時です。

♥持ち前の「アドバイス力」を活かせる。 ♥ ♥

パートナーや意中の人に、いいアドバイスができそうです。もともと人に助言するのが上手なあなたですが、この時期は相手のためになることを、相手に受け取りやすいように伝えられる感じがあります。特に、パートナーが長らく悩みの中にあるとか、気になる人の表情がずっと暗いなど、気になることがある人は、相手に寄り添うようなシチュエーションに恵まれます。持ち前のサポート力を愛の世界で活かせる時です。

≫≫ 9月 全体の星模様 ≪

双子座で木星と同座していた火星が蟹座に抜け、ヒートアップした雰囲気が一段落します。金星は既に天秤座に「帰宅」しており、水星も順行に戻って9日から乙女座入り、オウンサインです。水星も金星も自分の支配する星座で、その力がストレートに出やすいとされる配置になります。コミュニケーションやビジネス、交渉や人間関係全般が、軌道修正の流れに乗ります。

10

OCTOBER

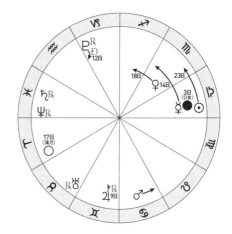

◆**衝突の中から生まれるもの。**

交友関係に熱がこもります。友達や仲間から熱い刺激を受け取れます。一方で、友達とぶつかったり、チームの中で衝突が起こったりと、関係性に波乱が起こる気配も。徹底的に語り合って膿を出し、信頼関係を再構築できます。あなたの真面目さと心のゆたかさが、みんなのよりどころとなるようです。

◆**「立場」を離れたところでの交流。**

活発に外に出て活動できる時です。外出の機会が増えますし、色々な場に誘われ、人間関係の「新規開拓」が進みます。知人同士の慣れた場所から出て、「内輪ノリ」が通じないところに身を置くことで、新しい自分を発見できるでしょう。普段の肩書

きや立場性を取り払い、一人の人間としての自分を意識すると、これまでにない話ができそうです。

◆家の中に新しい楽しみが増える。

3日前後、新しい経済活動が始まりそうです。素敵なものが手に入るかもしれません。18日以降、家の中に愛と楽しさが満ちてきます。家に帰るのが楽しみになりそうです。

♥内側に広がる想いの深さ。

二人の未来を真剣に考えているが故に、意見がぶつかったり、温度差がもどかしく感じられたりするかもしれません。ただ、もし相手のほうが消極的なように見えたり、先のことをきちんと考えていないように思えたとしたら、それは誤解なのかもしれません。むしろ相手のほうが物事を重く、深く捉えている可能性が高いのです。じっくり考えようとするほど言葉の歯切れは悪くなります。表面的な態度に囚われず、相手の言葉をよく噛みしめると、印象が変わりそうです。

≫ 10月 全体の星模様 ≪

引き続き、火星が蟹座に位置し、金星は蠍座に入っています。太陽は天秤座で、これらの配置は全て「ちょっと変則的な面が出る」形とされています。エネルギーが暴走したり、タイミングがズレたりと、想定外の展開が多そうですが、そうしたはみ出る部分、過剰な部分がむしろ、物事の可能性を広げてくれます。3日は天秤座での日食、南米などで金環日食が見られます。

11

NOVEMBER

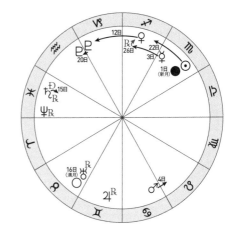

◆ **挑戦のための、環境整備。**

年の半ば頃から大きな目標を追いかけている人、新しい社会的立場を得ている人が少なくないはずです。その取り組みがもっとやりやすくなるような環境整備ができるのが、この11月から年明けです。身近な人に自分の取り組みを理解し、サポートしてもらうため、じっくり説明する時間を持てます。

◆ **「人生のボトルネック」を解消する。** ★彡★彡

ここから2025年半ばにかけて「隠れた敵と戦って勝利する」時間に入ります。慢性的な問題を解決するために、新しいアクションを起こせます。特に、人生の中で望まないパターンを繰り返している人、前に進みたいのにそれを邪魔する「もう一人の

自分」を感じている人は、そうした問題にガッチリ向き合えます。時間をかけて徹底的に「人生のボトルネック」を解消できます。

◈ **突然「その場所に行ける」ことになる。**
16日前後、突然憧れの場所に行けることになるかもしれません。叩き続けてきた扉が唐突に開かれるような節目です。

♥ **トンネルを抜けて、明るい場所に立つ。** ♥ ♥ ♥
混沌を抜けて爽やかな愛のフィールドに立てる時です。特に2008年頃から愛についての大きな悩み、疑問を抱えてきた人は、ここで最終的な結論を得られるでしょう。トンネルの出口に立ち、新しい愛の希望を感じられる節目です。愛を探している人は1日前後、新しいコミュニケーションが生まれ、そこから愛のドラマが動き出すかもしれません。さらに12日以降、チャンスの時間に入ります。軽やかな気持ちで行動を起こし、いい流れに乗れそうです。

》》 **11月 全体の星模様** 《

火星は4日から1月6日まで獅子座に滞在し、さらに逆行を経て2025年4月18日から6月17日まで長期滞在します。2025年半ばまでの中で、二段階にわたる「勝負」ができる時と言えます。射手座の水星と双子座の木星は、互いに支配星を交換するような「ミューチュアル・リセプション」の位置関係になります。錯綜するニュースがセンセーショナルに注目されそうです。

12
DECEMBER

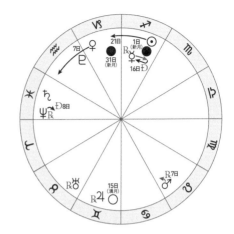

◆大事なことと、そうでないこと。 🏠🏠

片づけながら活躍できる時です。邪魔なもの、行く手を阻むものをどんどん整理できます。最優先の大きな目標が視野に入っている今だからこそ、どうでもいいことにこだわっていたと気づき、生活にはびこる枝葉をどんどん落としていけます。大事なこととそうでないことをクリアに分けられます。

◆変化の波の中でこそ、自分自身の軸を持つ。 ★彡★彡

1日前後、大きな出来事が起こるかもしれません。重要な決断をしたり、新しいアクションを起こしたりする人が多いでしょう。公私ともに現状がガラッと一変する展開もあり得ます。外部からの条件を云々する前に、まず自分自身の意志や思い、ニ

ーズ、動機を確かめることが大切です。変化の波の中でただ「対応に走る」と、納得のいかない現実がどんどん固まってしまい、進めば進むほど動かせなくなる可能性があるからです。自分に嘘をつかないことがなにより重要です。

◆取り組んできたことが成功する。
15日前後は仕事や対外的な活動における飛躍、成功の時です。31日前後は夢中になれるものとの出会い、トキメキの展開が。

♥人を助ける才能。
7日まで、素敵な愛の追い風が吹き続けます。その後は少し穏やかな雰囲気に包まれそうです。あなたはもともととても優しく、どちらかと言えば世話焼きなほうですが、この時期はその世話をする才能を、愛の世界で発揮しやすいでしょう。愛する人に優しくできますし、それが相手のニーズにピタリとハマリます。愛を探している人も、助け合ったり、ケアしたりする場面から愛が芽生える可能性が。手を差し伸べて。

》》 12月 全体の星模様 《

水星は16日まで射手座で逆行します。「流言飛語による混乱」を感じさせる形です。コミュニケーションや交通機関にまつわる混乱が起こりやすいかもしれません。火のないところにウワサが立って大きくなる時なので「舌禍」に気をつけたいところです。水瓶座入りしたばかりの冥王星に、獅子座の火星が180度でアプライ（接近）します。欲望や戦意が荒ぶる高揚を見せそうです。

HOSHIORI

月と星で読む
乙女座 366日のカレンダー

◆月の巡りで読む、12種類の日。

　毎日の占いをする際、最も基本的な「時計の針」となるのが、月の動きです。「今日、月が何座にいるか」がわかれば、今日のあなたの生活の中で、どんなテーマにスポットライトが当たっているかがわかります（P.64からの「366日のカレンダー」に、毎日の月のテーマが書かれています。🌙マークは新月や満月など、◆マークは星の動きです）。

　本書では、月の位置による「その日のテーマ」を、右の表のように表しています。

　月は1ヵ月で12星座を一回りするので、一つの星座に2日半ほど滞在します。ゆえに、右の表の「〇〇の日」は、毎日変わるのではなく、2日半ほどで切り替わります。

　月が星座から星座へと移動するタイミングが、切り替えの時間です。この「切り替えの時間」はボイドタイムの終了時間と同じです。

1. **スタートの日**：物事が新しく始まる日。
「仕切り直し」ができる、フレッシュな雰囲気の日。

2. **お金の日**：経済面・物質面で動きが起こりそうな日。
自分の手で何かを創り出せるかも。

3. **メッセージの日**：素敵なコミュニケーションが生まれる。
外出、勉強、対話の日。待っていた返信が来る。

4. **家の日**：身近な人や家族との関わりが豊かになる。
家事や掃除など、家の中のことをしたくなるかも。

5. **愛の日**：恋愛他、愛全般に追い風が吹く日。
好きなことができる。自分の時間を作れる。

6. **メンテナンスの日**：体調を整えるために休む人も。
調整や修理、整理整頓、実務などに力がこもる。

7. **人に会う日**：文字通り「人に会う」日。
人間関係が活性化する。「提出」のような場面も。

8. **プレゼントの日**：素敵なギフトを受け取れそう。
他人のアクションにリアクションするような日。

9. **旅の日**：遠出することになるか、または、
遠くから人が訪ねてくるかも。専門的学び。

10. **達成の日**：仕事や勉強など、頑張ってきたことについて、
何らかの結果が出るような日。到達。

11. **友だちの日**：交友関係が広がる、賑やかな日。
目指している夢や目標に一歩近づけるかも。

12. **ひみつの日**：自分一人の時間を持てる日。
自分自身としっかり対話できる。

◆太陽と月と星々が巡る「ハウス」のしくみ。

　前ページの、月の動きによる日々のテーマは「ハウス」というしくみによって読み取れます。

　「ハウス」は、「世俗のハウス」とも呼ばれる、人生や生活の様々なイベントを読み取る手法です。12星座の一つ一つを「部屋」に見立て、そこに星が出入りすることで、その時間に起こる出来事の意義やなりゆきを読み取ろうとするものです。

　自分の星座が「第1ハウス」で、そこから反時計回りに12まで数字を入れてゆくと、ハウスの完成です。

第1ハウス：「自分」のハウス
第2ハウス：「生産」のハウス
第3ハウス：「コミュニケーション」のハウス
第4ハウス：「家」のハウス
第5ハウス：「愛」のハウス
第6ハウス：「任務」のハウス
第7ハウス：「他者」のハウス
第8ハウス：「ギフト」のハウス
第9ハウス：「旅」のハウス
第10ハウス：「目標と結果」のハウス
第11ハウス：「夢と友」のハウス
第12ハウス：「ひみつ」のハウス

例：乙女座の人の場合

自分の星座が
第1ハウス　　反時計回り

たとえば、今日の月が射手座に位置していたとすると、この日は「第4ハウスに月がある」ということになります。

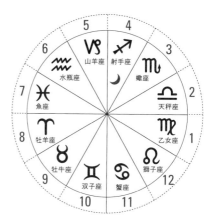

　前々ページの「〇〇の日」の前に打ってある数字は、実はハウスを意味しています。「第4ハウスに月がある」日は、「4. 家の日」です。

　太陽と月、水星から海王星までの惑星、そして準惑星の冥王星が、この12のハウスをそれぞれのスピードで移動していきます。「どの星がどのハウスにあるか」で、その時間のカラーやそのとき起こっていることの意味を、読み解くことができるのです。詳しくは『星読み＋ 2022〜2032年データ改訂版』（幻冬舎コミックス刊）、または『月で読むあしたの星占い』（すみれ書房刊）でどうぞ！

1 ·JANUARY·

1 月
スタートの日
主役の意識で動く。新しい選択肢を選べる。気持ちが切り替わる。

2 火
スタートの日
主役の意識で動く。新しい選択肢を選べる。気持ちが切り替わる。
◆水星が「家」のハウスで順行へ。居場所での物事の流れがスムーズになる。家族の声。

3 水
スタートの日 ▶ お金の日　　　　　　　　　　　　[ボイド] 08:38〜09:48
物質面・経済活動が活性化する時間に入る。

4 木
●お金の日
いわゆる「金運がいい」日。実入りが良く、いい買い物もできそう。
◆火星が「愛」のハウスへ。情熱的な愛、積極的自己表現。愛と理想のための戦い。

5 金
お金の日 ▶ メッセージの日　　　　　　　　　　　[ボイド] 20:42〜21:41
「動き」が出てくる。コミュニケーションの活性。

6 土
メッセージの日
待っていた朗報が届く。勉強が捗る。外に出たくなる日。

7 日
メッセージの日
待っていた朗報が届く。勉強が捗る。外に出たくなる日。

8 月
メッセージの日 ▶ 家の日　　　　　　　　　　　　[ボイド] 05:24〜06:10
生活環境や身内に目が向かう。原点回帰。

9 火
家の日
「普段の生活」が充実。身内との関係強化。環境改善ができる。

10 水
家の日 ▶ 愛の日　　　　　　　　　　　　　　　　[ボイド] 03:26〜10:35
愛の追い風が吹く。好きなことができる。

11 木
●愛の日
愛について嬉しいことがある。子育て、趣味、創作にも追い風が。
☽「愛」のハウスで新月。愛が「生まれる」ようなタイミング。大切なものと結びつく。

12 金
愛の日 ▶ メンテナンスの日　　　　　　　　　　　[ボイド] 11:35〜12:03
「やりたいこと」から「やるべきこと」へのシフト。

13 土
メンテナンスの日　　　　　　　　　　　　　　　　[ボイド] 19:00〜
生活や心身の故障部分を修理できる。ケアしたり、されたり。

14 日
メンテナンスの日 ▶ 人に会う日　　　　　　　　　[ボイド] 〜12:31
「自分の世界」から「外界」へ出るような節目。
◆水星が「愛」のハウスへ。愛に関する学び、教育。若々しい創造性、遊び。知的創造。

15 月
人に会う日
人に会ったり、会う約束をしたりする日。出会いの気配も。

16 火
人に会う日 ▶ プレゼントの日　　　　　　　　　　[ボイド] 13:34〜13:50
他者との関係に、さらに一歩踏み込めるように。

17	水	プレゼントの日 人から貴重なものを受け取れる。提案を受ける場面も。
18	木	◑プレゼントの日 ▶ 旅の日　　　　　　　　　　　[ボイド] 17:04～17:14 遠い場所との間に、橋が架かり始める。
19	金	旅の日 遠出したり、遠くから人が訪ねてくれたりする日。発信力も増す。
20	土	旅の日 ▶ 達成の日　　　　　　　　　　　　　　[ボイド] 22:59～23:00 意欲が湧く。はっきりした成果が出る時間へ。 ◆太陽が「任務」のハウスへ。1年のサイクルの中で「健康・任務・ 日常」を再構築するとき。
21	日	達成の日 目標に手が届く。結果が出る日。人から認められる場面も。 ◆冥王星が「任務」のハウスへ。ここから2043年頃にかけ、生活の あり方が様変わりする。
22	月	達成の日 目標に手が届く。結果が出る日。人から認められる場面も。
23	火	達成の日 ▶ 友だちの日　　　　　　　　　　　　[ボイド] 05:42～06:52 肩の力が抜け、伸びやかな気持になれる。 ◆金星が「愛」のハウスへ。華やかな愛の季節の始まり。創造的活 動への強い追い風。
24	水	友だちの日 未来のプランを立てる。友だちと過ごせる。チームワーク。
25	木	友だちの日 ▶ ひみつの日　　　　　　　　　　　[ボイド] 08:00～16:38 ざわめきから少し離れたくなる。自分の時間。
26	金	○ひみつの日 一人の時間。過去を振り返り、戦略を練る。自分を大事にする。 ☽「ひみつ」のハウスで満月。時間をかけて治療してきた傷が癒える。 自他を赦し赦される。
27	土	ひみつの日　　　　　　　　　　　　　　　　　[ボイド] 06:21～ 一人の時間。過去を振り返り、戦略を練る。自分を大事にする。 ◆天王星が「旅」のハウスで順行へ。大きな迷いに暫定的な答えが 出て、一歩先に進める。
28	日	ひみつの日 ▶ スタートの日　　　　　　　　　　[ボイド] ～04:13 新しいことを始めやすい時間に切り替わる。
29	月	スタートの日 主役の意識で動く。新しい選択肢を選べる。気持ちが切り替わる。
30	火	スタートの日 ▶ お金の日　　　　　　　　　　　[ボイド] 08:22～17:06 物質面・経済活動が活性化する時間に入る。
31	水	お金の日 いわゆる「金運がいい」日。実入りが良く、いい買い物もできそう。

2 ·FEBRUARY·

1 木
お金の日
[ボイド] 18:05〜
いわゆる「金運がいい」日。実入りが良く、いい買い物もできそう。

2 金
お金の日 ▶ メッセージの日
[ボイド] 〜05:39
「動き」が出てくる。コミュニケーションの活性。

3 土
◑ メッセージの日
待っていた朗報が届く。勉強が捗る。外に出たくなる日。

4 日
メッセージの日 ▶ 家の日
[ボイド] 12:26〜15:30
生活環境や身内に目が向かう。原点回帰。

5 月
家の日
「普段の生活」が充実。身内との関係強化。環境改善ができる。
◆水星が「任務」のハウスへ。日常生活の整理、整備。健康チェック。心身の調律。

6 火
家の日 ▶ 愛の日
[ボイド] 14:08〜21:10
愛の追い風が吹く。好きなことができる。

7 水
愛の日
愛について嬉しいことがある。子育て、趣味、創作にも追い風が。

8 木
愛の日 ▶ メンテナンスの日
[ボイド] 16:54〜23:01
「やりたいこと」から「やるべきこと」へのシフト。

9 金
メンテナンスの日
生活や心身の故障部分を修理できる。ケアしたり、されたり。

10 土
● メンテナンスの日 ▶ 人に会う日
[ボイド] 08:01〜22:44
「自分の世界」から「外界」へ出るような節目。
☽「任務」のハウスで新月。新しい生活習慣、新しい任務がスタートするとき。体調の調整。

11 日
人に会う日
人に会ったり、会う約束をしたりする日。出会いの気配も。

12 月
人に会う日 ▶ プレゼントの日
[ボイド] 21:33〜22:27
他者との関係に、さらに一歩踏み込めるように。

13 火
プレゼントの日
人から貴重なものを受け取れる。提案を受ける場面も。
◆火星が「任務」のハウスへ。多忙期へ。長く走り続けるための必要条件を、戦って勝ち取る。

14 水
プレゼントの日
[ボイド] 19:22〜
人から貴重なものを受け取れる。提案を受ける場面も。

15 木
プレゼントの日 ▶ 旅の日
[ボイド] 〜00:04
遠い場所との間に、橋が架かり始める。

16 金
旅の日
遠出したり、遠くから人が訪ねてくれたりする日。発信力も増す。

17 土	● 旅の日 ▶ 達成の日	[ボイド] 00:02〜04:41

意欲が湧く。はっきりした成果が出る時間へ。
◆金星が「任務」のハウスへ。美しい生活スタイルの実現。美のための習慣。楽しい仕事。

---

18 日　達成の日

目標に手が届く。結果が出る日。人から認められる場面も。

---

19 月　達成の日 ▶ 友だちの日　　　　　　　　　　[ボイド] 12:22〜12:26

肩の力が抜け、伸びやかな気持ちになれる。
◆太陽が「他者」のハウスへ。1年のサイクルの中で人間関係を「結び直す」とき。

---

20 火　友だちの日

未来のプランを立てる。友だちと過ごせる。チームワーク。

---

21 水　友だちの日 ▶ ひみつの日　　　　　　　　　[ボイド] 15:39〜22:42

ざわめきから少し離れたくなる。自分の時間。

---

22 木　ひみつの日

一人の時間。過去を振り返り、戦略を練る。自分を大事にする。

---

23 金　ひみつの日　　　　　　　　　　　　　　　[ボイド] 13:19〜

一人の時間。過去を振り返り、戦略を練る。自分を大事にする。
◆水星が「他者」のハウスへ。正面から向き合う対話。調整のための交渉。若い人との出会い。

---

24 土　○ ひみつの日 ▶ スタートの日　　　　　　　[ボイド] 〜10:39

新しいことを始めやすい時間に切り替わる。
☽「自分」のハウスで満月。現在の自分を受け入れられる。誰かに受け入れてもらえる。

---

25 日　スタートの日

主役の意識で動く。新しい選択肢を選べる。気持ちが切り替わる。

---

26 月　スタートの日 ▶ お金の日　　　　　　　　　[ボイド] 16:37〜23:31

物質面・経済活動が活性化する時間に入る。

---

27 火　お金の日

いわゆる「金運がいい」日。実入りが良く、いい買い物もできそう。

---

28 水　お金の日　　　　　　　　　　　　　　　　[ボイド] 03:23〜

いわゆる「金運がいい」日。実入りが良く、いい買い物もできそう。

---

29 木　お金の日 ▶ メッセージの日　　　　　　　　[ボイド] 〜12:11

「動き」が出てくる。コミュニケーションの活性。

3 · MARCH ·

1 金
メッセージの日
待っていた朗報が届く。勉強が捗る。外に出たくなる日。

2 土
メッセージの日 ▶ 家の日 　　　　　　　　　　　　　[ボイド] 16:49〜22:58
生活環境や身内に目が向かう。原点回帰。

3 日
家の日
「普段の生活」が充実。身内との関係強化。環境改善ができる。

4 月
◗家の日
「普段の生活」が充実。身内との関係強化。環境改善ができる。

5 火
家の日 ▶ 愛の日 　　　　　　　　　　　　　　　　[ボイド] 00:42〜06:17
愛の追い風が吹く。好きなことができる。

6 水
愛の日
愛について嬉しいことがある。子育て、趣味、創作にも追い風が。

7 木
愛の日 ▶ メンテナンスの日 　　　　　　　　　　　[ボイド] 04:37〜09:40
「やりたいこと」から「やるべきこと」へのシフト。

8 金
メンテナンスの日
生活や心身の故障部分を修理できる。ケアしたり、されたり。

9 土
メンテナンスの日 ▶ 人に会う日 　　　　　　　　　[ボイド] 03:57〜10:05
「自分の世界」から「外界」へ出るような節目。

10 日
●人に会う日
人に会ったり、会う約束をしたりする日。出会いの気配も。
◆水星が「ギフト」のハウスへ。利害のマネジメント。コンサルテーション。カウンセリング。◗「他者」のハウスで新月。出会いのとき。誰かとの関係が刷新。未来への約束を交わす。

11 月
人に会う日 ▶ プレゼントの日 　　　　　　　　　　[ボイド] 04:47〜09:21
他者との関係に、さらに一歩踏み込めるように。

12 火
プレゼントの日 　　　　　　　　　　　　　　　　[ボイド] 20:10〜
人から貴重なものを受け取れる。提案を受ける場面も。
◆金星が「他者」のハウスへ。人間関係から得られる喜び。愛あるパートナーシップ。

13 水
プレゼントの日 ▶ 旅の日 　　　　　　　　　　　　[ボイド] 〜09:30
遠い場所との間に、橋が架かり始める。

14 木
旅の日
遠出したり、遠くから人が訪ねてくれたりする日。発信力も増す。

15 金
旅の日 ▶ 達成の日 　　　　　　　　　　　　　　　[ボイド] 07:31〜12:17
意欲が湧く。はっきりした成果が出る時間へ。

16 土
達成の日
目標に手が届く。結果が出る日。人から認められる場面も。

17 日
◗達成の日 ▶ 友だちの日 　　　　　　　　　　　　[ボイド] 13:45〜18:42
肩の力が抜け、伸びやかな気持ちになれる。

18	月	友だちの日 未来のプランを立てる。友だちと過ごせる。チームワーク。
19	火	友だちの日 未来のプランを立てる。友だちと過ごせる。チームワーク。
20	水	友だちの日 ▶ ひみつの日 　　　　　　　　　　　[ボイド] 03:54〜04:34 ざわめきから少し離れたくなる。自分の時間。 ◆太陽が「ギフト」のハウスへ。1年のサイクルの中で経済的授受のバランスを見直すとき。
21	木	ひみつの日 一人の時間。過去を振り返り、戦略を練る。自分を大事にする。
22	金	ひみつの日 ▶ スタートの日 　　　　　　　　　　[ボイド] 15:36〜16:43 新しいことを始めやすい時間に切り替わる。
23	土	スタートの日 主役の意識で動く。新しい選択肢を選べる。気持ちが切り替わる。 ◆火星が「他者」のハウスへ。摩擦を怖れぬ対決。一対一の勝負。攻めの交渉。他者からの刺激。
24	日	スタートの日 主役の意識で動く。新しい選択肢を選べる。気持ちが切り替わる。
25	月	○スタートの日 ▶ お金の日 　　　　　　　　　　[ボイド] 00:51〜05:39 物質面・経済活動が活性化する時間に入る。 ☽「生産」のハウスで月食。経済的に、驚きを伴う果実を収穫できる。ミラクルな実り。
26	火	お金の日 いわゆる「金運がいい」日。実入りが良く、いい買い物もできそう。
27	水	お金の日 ▶ メッセージの日 　　　　　　　　　　[ボイド] 08:11〜18:04 「動き」が出てくる。コミュニケーションの活性。
28	木	メッセージの日 待っていた朗報が届く。勉強が捗る。外に出たくなる日。
29	金	メッセージの日 待っていた朗報が届く。勉強が捗る。外に出たくなる日。
30	土	メッセージの日 ▶ 家の日 　　　　　　　　　　　[ボイド] 00:41〜04:53 生活環境や身内に目が向かう。原点回帰。
31	日	家の日 「普段の生活」が充実。身内との関係強化。環境改善ができる。

4 ・APRIL・

1 月　家の日 ▶ 愛の日　　　　　　　　　　　　　　[ボイド] 09:18～13:07
愛の追い風が吹く。好きなことができる。

2 火　愛の日
愛について嬉しいことがある。子育て、趣味、創作にも追い風が。
◆水星が「ギフト」のハウスで逆行開始。経済的関係の調整。貸し借りの精算。「お礼・お返し」。

3 水　愛の日 ▶ メンテナンスの日　　　　　　　　　[ボイド] 14:42～18:09
「やりたいこと」から「やるべきこと」へのシフト。

4 木　メンテナンスの日
生活や心身の故障部分を修理できる。ケアしたり、されたり。

5 金　メンテナンスの日 ▶ 人に会う日　　　　　　　[ボイド] 14:41～20:14
「自分の世界」から「外界」へ出るような節目。
◆金星が「ギフト」のハウスへ。欲望の解放と調整、他者への要求、他者からの要求。甘え。

6 土　人に会う日
人に会ったり、会う約束をしたりする日。出会いの気配も。

7 日　人に会う日 ▶ プレゼントの日　　　　　　　　[ボイド] 17:29～20:26
他者との関係に、さらに一歩踏み込めるように。

8 月　プレゼントの日
人から貴重なものを受け取れる。提案を受ける場面も。

9 火　● プレゼントの日 ▶ 旅の日　　　　　　　　　[ボイド] 11:40～20:25
遠い場所との間に、橋が架かり始める。
☽「ギフト」のハウスで日食。誰かとの協力関係が、少々神秘的な形でスタートする。

10 水　旅の日
遠出したり、遠くから人が訪ねてくれたりする日。発信力も増す。

11 木　旅の日 ▶ 達成の日　　　　　　　　　　　　　[ボイド] 19:06～22:00
意欲が湧く。はっきりした成果が出る時間へ。

12 金　達成の日
目標に手が届く。結果が出る日。人から認められる場面も。

13 土　達成の日　　　　　　　　　　　　　　　　　[ボイド] 23:48～
目標に手が届く。結果が出る日。人から認められる場面も。

14 日　達成の日 ▶ 友だちの日　　　　　　　　　　　[ボイド] ～02:47
肩の力が抜け、伸びやかな気持ちになれる。

15 月　友だちの日
未来のプランを立てる。友だちと過ごせる。チームワーク。

16 火　◐ 友だちの日 ▶ ひみつの日　　　　　　　　　[ボイド] 08:24～11:26
ざわめきから少し離れたくなる。自分の時間。

17	水	ひみつの日 一人の時間。過去を振り返り、戦略を練る。自分を大事にする。
18	木	ひみつの日 ▶ スタートの日　　　　　　　　　［ボイド］21:04〜23:12 新しいことを始めやすい時間に切り替わる。
19	金	スタートの日 主役の意識で動く。新しい選択肢を選べる。気持ちが切り替わる。 ◆太陽が「旅」のハウスへ。1年のサイクルの中で「精神的成長」を 確認するとき。
20	土	スタートの日 主役の意識で動く。新しい選択肢を選べる。気持ちが切り替わる。
21	日	スタートの日 ▶ お金の日　　　　　　　　　　［ボイド］09:21〜12:10 物質面・経済活動が活性化する時間に入る。
22	月	お金の日 いわゆる「金運がいい」日。実入りが良く、いい買い物もできそう。
23	火	お金の日　　　　　　　　　　　　　　　　　　　［ボイド］08:26〜 いわゆる「金運がいい」日。実入りが良く、いい買い物もできそう。
24	水	○お金の日 ▶ メッセージの日　　　　　　　　　［ボイド］〜00:21 「動き」が出てくる。コミュニケーションの活性。 ☽「コミュニケーション」のハウスで満月。重ねてきた勉強や対話が 実を結ぶとき。意思疎通が叶う。
25	木	メッセージの日 待っていた朗報が届く。勉強が捗る。外に出たくなる日。 ◆水星が「ギフト」のハウスで順行へ。経済的な関係性がスムーズ に。マネジメントの成功。
26	金	メッセージの日 ▶ 家の日　　　　　　　　　　　［ボイド］08:18〜10:39 生活環境や身内に目が向かう。原点回帰。
27	土	家の日 「普段の生活」が充実。身内との関係強化。環境改善ができる。
28	日	家の日 ▶ 愛の日　　　　　　　　　　　　　　　［ボイド］16:33〜18:39 愛の追い風が吹く。好きなことができる。
29	月	愛の日 愛について嬉しいことがある。子育て、趣味、創作にも追い風が。 ◆金星が「旅」のハウスへ。楽しい旅の始まり、旅の仲間。研究の果 実。距離を越える愛。
30	火	愛の日 愛について嬉しいことがある。子育て、趣味、創作にも追い風が。

5 •MAY•

1 水 ◑愛の日▶メンテナンスの日 ［ボイド］00:20〜00:21
「やりたいこと」から「やるべきこと」へのシフト。
◆火星が「ギフト」のハウスへ。誘惑と情熱の呼応。生命の融合。精神的支配。配当。負債の解消。

2 木 メンテナンスの日 ［ボイド］18:30〜
生活や心身の故障部分を修理できる。ケアしたり、されたり。

3 金 メンテナンスの日▶人に会う日 ［ボイド］〜03:53
「自分の世界」から「外界」へ出るような節目。
◆冥王星が「任務」のハウスで逆行開始。支配関係の根を掘り下げるような時間へ。

4 土 人に会う日
人に会ったり、会う約束をしたりする日。出会いの気配も。

5 日 人に会う日▶プレゼントの日 ［ボイド］04:08〜05:42
他者との関係に、さらに一歩踏み込めるように。

6 月 プレゼントの日 ［ボイド］14:59〜
人から貴重なものを受け取れる。提案を受ける場面も。

7 火 プレゼントの日▶旅の日 ［ボイド］〜06:44
遠い場所との間に、橋が架かり始める。

8 水 ●旅の日
遠出したり、遠くから人が訪ねてくれたりする日。発信力も増す。
☽「旅」のハウスで新月。旅に出発する。専門分野を開拓し始める。矢文を放つ。

9 木 旅の日▶達成の日 ［ボイド］06:57〜08:22
意欲が湧く。はっきりした成果が出る時間へ。

10 金 達成の日
目標に手が届く。結果が出る日。人から認められる場面も。

11 土 達成の日▶友だちの日 ［ボイド］10:51〜12:15
肩の力が抜け、伸びやかな気持ちになれる。

12 日 友だちの日
未来のプランを立てる。友だちと過ごせる。チームワーク。

13 月 友だちの日▶ひみつの日 ［ボイド］18:14〜19:38
ざわめきから少し離れたくなる。自分の時間。

14 火 ひみつの日
一人の時間。過去を振り返り、戦略を練る。自分を大事にする。

15 水 ◐ひみつの日
一人の時間。過去を振り返り、戦略を練る。自分を大事にする。

16 木 ひみつの日▶スタートの日 ［ボイド］01:42〜06:34
新しいことを始めやすい時間に切り替わる。
◆水星が「旅」のハウスへ。軽やかな旅立ち。勉強や研究に追い風が。導き手に恵まれる。

17	金	スタートの日
		主役の意識で動く。新しい選択肢を選べる。気持ちが切り替わる。

18	土	スタートの日 ▶ お金の日 　　　　　　　　　　　[ボイド] 18:10〜19:24
		物質面・経済活動が活性化する時間に入る。

19	日	お金の日
		いわゆる「金運がいい」日。実入りが良く、いい買い物もできそう。

20	月	お金の日 　　　　　　　　　　　　　　　　　　　[ボイド] 00:50〜
		いわゆる「金運がいい」日。実入りが良く、いい買い物もできそう。 ◆太陽が「目標と結果」のハウスへ。1年のサイクルの中で「目標と達成」を確認するとき。

21	火	お金の日 ▶ メッセージの日 　　　　　　　　　　[ボイド] 〜07:36
		「動き」が出てくる。コミュニケーションの活性。

22	水	メッセージの日
		待っていた朗報が届く。勉強が捗る。外に出たくなる日。

23	木	○メッセージの日 ▶ 家の日 　　　　　　　　　[ボイド] 16:30〜17:26
		生活環境や身内に目が向かう。原点回帰。 ☽「家」のハウスで満月。居場所が「定まる」。身近な人との間で「心満ちる」とき。

24	金	家の日
		「普段の生活」が充実。身内との関係強化。環境改善ができる。 ◆金星が「目標と結果」のハウスへ。目標達成と勲章。気軽に掴めるチャンス。嬉しい配役。

25	土	家の日 　　　　　　　　　　　　　　　　　　　[ボイド] 23:49〜
		「普段の生活」が充実。身内との関係強化。環境改善ができる。

26	日	家の日 ▶ 愛の日 　　　　　　　　　　　　　　[ボイド] 〜00:37
		愛の追い風が吹く。好きなことができる。 ◆木星が「目標と結果」のハウスへ。キャリアの飛躍的な成長期に入る。大活躍の一年のスタート。

27	月	愛の日
		愛について嬉しいことがある。子育て、趣味、創作にも追い風が。

28	火	愛の日 ▶ メンテナンスの日 　　　　　　　　　[ボイド] 05:04〜05:46
		「やりたいこと」から「やるべきこと」へのシフト。

29	水	メンテナンスの日 　　　　　　　　　　　　　　[ボイド] 23:22〜
		生活や心身の故障部分を修理できる。ケアしたり、されたり。

30	木	メンテナンスの日 ▶ 人に会う日 　　　　　　　[ボイド] 〜09:34
		「自分の世界」から「外界」へ出るような節目。

31	金	◑人に会う日
		人に会ったり、会う約束をしたりする日。出会いの気配も。

6 ·JUNE·

1 土
人に会う日 ▶ プレゼントの日 　　　　　　　　[ボイド] 11:56〜12:30
他者との関係に、さらに一歩踏み込めるように。

2 日
プレゼントの日
人から貴重なものを受け取れる。提案を受ける場面も。

3 月
プレゼントの日 ▶ 旅の日 　　　　　　　　[ボイド] 07:05〜14:57
遠い場所との間に、橋が架かり始める。
◆水星が「目標と結果」のハウスへ。ここから忙しくなる。新しい課題、ミッション、使命。

4 火
旅の日
遠出したり、遠くから人が訪ねてくれたりする日。発信力も増す。

5 水
旅の日 ▶ 達成の日 　　　　　　　　[ボイド] 17:11〜17:38
意欲が湧く。はっきりした成果が出る時間へ。

6 木
●達成の日
目標に手が届く。結果が出る日。人から認められる場面も。
☽「目標と結果」のハウスで新月。新しいミッションがスタートするとき。目的意識が定まる。

7 金
達成の日 ▶ 友だちの日 　　　　　　　　[ボイド] 21:17〜21:43
肩の力が抜け、伸びやかな気持ちになれる。

8 土
友だちの日
未来のプランを立てる。友だちと過ごせる。チームワーク。

9 日
友だちの日
未来のプランを立てる。友だちと過ごせる。チームワーク。
◆火星が「旅」のハウスへ。ここから「遠征」「挑戦の旅」に出発する人も。学びへの情熱。

10 月
友だちの日 ▶ ひみつの日 　　　　　　　　[ボイド] 04:07〜04:30
ざわめきから少し離れたくなる。自分の時間。

11 火
ひみつの日
一人の時間。過去を振り返り、戦略を練る。自分を大事にする。

12 水
ひみつの日 ▶ スタートの日 　　　　　　　　[ボイド] 04:18〜14:40
新しいことを始めやすい時間に切り替わる。

13 木
スタートの日
主役の意識で動く。新しい選択肢を選べる。気持ちが切り替わる。

14 金
●スタートの日
主役の意識で動く。新しい選択肢を選べる。気持ちが切り替わる。

15 土
スタートの日 ▶ お金の日 　　　　　　　　[ボイド] 02:55〜03:14
物質面・経済活動が活性化する時間に入る。

16 日
お金の日
いわゆる「金運がいい」日。実入りが良く、いい買い物もできそう。

17	月	お金の日 ▶ メッセージの日	[ボイド] 15:06〜15:40

17 月
お金の日 ▶ メッセージの日　　　　　　　　　　[ボイド] 15:06〜15:40
「動き」が出てくる。コミュニケーションの活性化。
◆金星が「夢と友」のハウスへ。友や仲間との交流が華やかに。「恵み」を受け取れる。◆水星が「夢と友」のハウスへ。仲間に恵まれる爽やかな季節。友と夢を語れる。新しい計画。

18 火
メッセージの日
待っていた朗報が届く。勉強が捗る。外に出たくなる日。

19 水
メッセージの日
待っていた朗報が届く。勉強が捗る。外に出たくなる日。

20 木
メッセージの日 ▶ 家の日　　　　　　　　　　　[ボイド] 01:21〜01:33
生活環境や身内に目が向かう。原点回帰。

21 金
家の日
「普段の生活」が充実。身内との関係強化。環境改善ができる。
◆太陽が「夢と友」のハウスへ。1年のサイクルの中で「友」「未来」に目を向ける季節へ。

22 土
○家の日 ▶ 愛の日　　　　　　　　　　　　　[ボイド] 08:00〜08:10
愛の追い風が吹く。好きなことができる。
🌙「愛」のハウスで満月。愛が「満ちる」「実る」とき。クリエイティブな作品の完成。

23 日
愛の日
愛について嬉しいことがある。子育て、趣味、創作にも追い風が。

24 月
愛の日 ▶ メンテナンスの日　　　　　　　　　[ボイド] 12:07〜12:16
「やりたいこと」から「やるべきこと」へのシフト。

25 火
メンテナンスの日
生活や心身の故障部分を修理できる。ケアしたり、されたり。

26 水
メンテナンスの日 ▶ 人に会う日　　　　　　　[ボイド] 07:31〜15:09
「自分の世界」から「外界」へ出るような節目。

27 木
人に会う日
人に会ったり、会う約束をしたりする日。出会いの気配も。

28 金
人に会う日 ▶ プレゼントの日　　　　　　　　[ボイド] 17:46〜17:54
他者との関係に、さらに一歩踏み込めるように。

29 土
●プレゼントの日
人から貴重なものを受け取れる。提案を受ける場面も。

30 日
プレゼントの日 ▶ 旅の日　　　　　　　　　　[ボイド] 13:58〜21:02
遠い場所との間に、橋が架かり始める。
◆土星が「他者」のハウスで逆行開始。人間関係において、張りつめていた糸がゆるみそう。

7 ·JULY·

1 月
旅の日
遠出したり、遠くから人が訪ねてくれたりする日。発信力も増す。

2 火
旅の日
遠出したり、遠くから人が訪ねてくれたりする日。発信力も増す。
◆海王星が「他者」のハウスで逆行開始。他者の複雑さの中に、自分の複雑さが見えてくる。◆水星が「ひみつ」のハウスへ。思考が深まる。瞑想、誰かのための勉強。記録の精査。

3 水
旅の日 ▶ 達成の日　　　　　　　　　　　　[ボイド] 00:45〜00:52
意欲が湧く。はっきりした成果が出る時間へ。

4 木
達成の日
目標に手が届く。結果が出る日。人から認められる場面も。

5 金
達成の日 ▶ 友だちの日　　　　　　　　　　[ボイド] 05:45〜05:53
肩の力が抜け、伸びやかな気持ちになれる。

6 土
●友だちの日
未来のプランを立てる。友だちと過ごせる。チームワーク。
☽「夢と友」のハウスで新月。新しい仲間や友に出会えるとき。夢が生まれる。迷いが晴れる。

7 日
友だちの日 ▶ ひみつの日　　　　　　　　　[ボイド] 12:49〜12:57
ざわめきから少し離れたくなる。自分の時間。

8 月
ひみつの日
一人の時間。過去を振り返り、戦略を練る。自分を大事にする。

9 火
ひみつの日 ▶ スタートの日　　　　　　　　[ボイド] 15:05〜22:49
新しいことを始めやすい時間に切り替わる。

10 水
スタートの日
主役の意識で動く。新しい選択肢を選べる。気持ちが切り替わる。

11 木
スタートの日
主役の意識で動く。新しい選択肢を選べる。気持ちが切り替わる。

12 金
スタートの日 ▶ お金の日　　　　　　　　　[ボイド] 10:57〜11:08
物質面・経済活動が活性化する時間に入る。
◆金星が「ひみつ」のハウスへ。これ以降、純粋な愛情から行動できる。一人の時間の充実も。

13 土
お金の日
いわゆる「金運がいい」日。実入りが良く、いい買い物もできそう。

14 日
◗お金の日 ▶ メッセージの日　　　　　　　[ボイド] 07:50〜23:54
「動き」が出てくる。コミュニケーションの活性。

15 月
メッセージの日
待っていた朗報が届く。勉強が捗る。外に出たくなる日。

16 火
メッセージの日
待っていた朗報が届く。勉強が捗る。外に出たくなる日。

17 水 メッセージの日 ▶ 家の日 　　　　　　　　　　　[ボイド] 10:12〜10:26
生活環境や身内に目が向かう。原点回帰。

18 木 家の日
「普段の生活」が充実。身内との関係強化。環境改善ができる。

19 金 家の日 ▶ 愛の日 　　　　　　　　　　　　　　[ボイド] 17:00〜17:15
愛の追い風が吹く。好きなことができる。

20 土 愛の日
愛について嬉しいことがある。子育て、趣味、創作にも追い風が。

21 日 ○愛の日 ▶ メンテナンスの日 　　　　　　　　[ボイド] 20:28〜20:45
「やりたいこと」から「やるべきこと」へのシフト。
◆火星が「目標と結果」のハウスへ。キャリアや社会的立場における
「勝負」の季節へ。挑戦の時間。♪「愛」のハウスで満月。愛が「満
ちる」「実る」とき。クリエイティブな作品の完成。

22 月 メンテナンスの日
生活や心身の故障部分を修理できる。ケアしたり、されたり。
◆太陽が「ひみつ」のハウスへ。新しい1年を目前にしての、振り返
りと準備の時期。

23 火 メンテナンスの日 ▶ 人に会う日 　　　　　　　[ボイド] 19:00〜22:25
「自分の世界」から「外界」へ出るような節目。

24 水 人に会う日
人に会ったり、会う約束をしたりする日。出会いの気配も。

25 木 人に会う日 ▶ プレゼントの日 　　　　　　　　[ボイド] 23:33〜23:54
他者との関係に、さらに一歩踏み込めるように。

26 金 プレゼントの日
人から貴重なものを受け取れる。提案を受ける場面も。
◆水星が「自分」のハウスへ。知的活動が活性化。若々しい気持ち、
行動力。発言力の強化。

27 土 プレゼントの日 　　　　　　　　　　　　　　[ボイド] 07:16〜
人から貴重なものを受け取れる。提案を受ける場面も。

28 日 ◗プレゼントの日 ▶ 旅の日 　　　　　　　　　[ボイド] 〜02:24
遠い場所との間に、橋が架かり始める。

29 月 旅の日
遠出したり、遠くから人が訪ねてくれたりする日。発信力も増す。

30 火 旅の日 ▶ 達成の日 　　　　　　　　　　　　[ボイド] 06:01〜06:29
意欲が湧く。はっきりした成果が出る時間へ。

31 水 達成の日
目標に手が届く。結果が出る日。人から認められる場面も。

8 ·AUGUST·

1 木
達成の日 ▶ 友だちの日　　　　　　　　　　　[ボイド] 11:48〜12:21
肩の力が抜け、伸びやかな気持になれる。

2 金
友だちの日
未来のプランを立てる。友だちと過ごせる。チームワーク。

3 土
友だちの日 ▶ ひみつの日　　　　　　　　　　[ボイド] 19:33〜20:11
ざわめきから少し離れたくなる。自分の時間。

4 日
●ひみつの日
一人の時間。過去を振り返り、戦略を練る。自分を大事にする。
☽「ひみつ」のハウスで新月。密かな迷いから解放される。自他を
救うための行動を起こす。

5 月
ひみつの日
一人の時間。過去を振り返り、戦略を練る。自分を大事にする。
◆金星が「自分」のハウスに。あなたの魅力が輝く季節の到来。愛
に恵まれる楽しい日々へ。◆水星が「自分」のハウスで逆行開始。
立ち止まって「自分」を理解し直す時間へ。

6 火
ひみつの日 ▶ スタートの日　　　　　　　　　[ボイド] 00:18〜06:18
新しいことを始めやすい時間に切り替わる。

7 水
スタートの日
主役の意識で動く。新しい選択肢を選べる。気持ちが切り替わる。

8 木
スタートの日 ▶ お金の日　　　　　　　　　　[ボイド] 17:42〜18:33
物質面・経済活動が活性化する時間に入る。

9 金
お金の日
いわゆる「金運がいい」日。実入りが良く、いい買い物もできそう。

10 土
お金の日　　　　　　　　　　　　　　　　　　[ボイド] 06:46〜
いわゆる「金運がいい」日。実入りが良く、いい買い物もできそう。

11 日
お金の日 ▶ メッセージの日　　　　　　　　　[ボイド] 〜07:35
「動き」が出てくる。コミュニケーションの活性。

12 月
メッセージの日
待っていた朗報が届く。勉強が捗る。外に出たくなる日。

13 火
●メッセージの日 ▶ 家の日　　　　　　　　　[ボイド] 18:03〜19:02
生活環境や身内に目が向かう。原点回帰。

14 水
家の日
「普段の生活」が充実。身内との関係強化。環境改善ができる。

15 木
家の日
「普段の生活」が充実。身内との関係強化。環境改善ができる。
◆逆行中の水星が「ひみつ」のハウスへ。大事なことを思い出せる
時間の到来。心の回復期。

16 金
家の日 ▶ 愛の日　　　　　　　　　　　　　　[ボイド] 01:54〜02:53
愛の追い風が吹く。好きなことができる。

17	土	愛の日 愛について嬉しいことがある。子育て、趣味、創作にも追い風が。
18	日	愛の日 ▶ メンテナンスの日　　　　　　　　[ボイド] 05:45〜06:46 「やりたいこと」から「やるべきこと」へのシフト。
19	月	メンテナンスの日 生活や心身の故障部分を修理できる。ケアしたり、されたり。
20	火	○メンテナンスの日 ▶ 人に会う日　　　　　　[ボイド] 03:27〜07:53 「自分の世界」から「外界」へ出るような節目。 ☽「任務」のハウスで満月。日々の努力や蓄積が「実る」。自他の体調のケアに留意。
21	水	人に会う日 人に会ったり、会う約束をしたりする日。出会いの気配も。
22	木	人に会う日 ▶ プレゼントの日　　　　　　　[ボイド] 06:56〜08:03 他者との関係に、さらに一歩踏み込めるように。 ◆太陽が「自分」のハウスへ。お誕生月の始まり、新しい1年への「扉」を開くとき。
23	金	プレゼントの日　　　　　　　　　　　　　　[ボイド] 21:46〜 人から貴重なものを受け取れる。提案を受ける場面も。
24	土	プレゼントの日 ▶ 旅の日　　　　　　　　　[ボイド] 〜09:02 遠い場所との間に、橋が架かり始める。
25	日	旅の日 遠出したり、遠くから人が訪ねてくれたりする日。発信力も増す。
26	月	◑旅の日 ▶ 達成の日　　　　　　　　　　　[ボイド] 10:42〜12:06 意欲が湧く。はっきりした成果が出る時間へ。
27	火	達成の日 目標に手が届く。結果が出る日。人から認められる場面も。
28	水	達成の日 ▶ 友だちの日　　　　　　　　　　[ボイド] 16:15〜17:49 肩の力が抜け、伸びやかな気持ちになれる。
29	木	友だちの日 未来のプランを立てる。友だちと過ごせる。チームワーク。 ◆水星が「ひみつ」のハウスで順行へ。自分の感情への理解が深まる。自分の言葉の発見。◆金星が「生産」のハウスへ。経済活動の活性化、上昇気流。物質的豊かさの開花。
30	金	友だちの日 未来のプランを立てる。友だちと過ごせる。チームワーク。
31	土	友だちの日 ▶ ひみつの日　　　　　　　　　[ボイド] 00:26〜02:11 ざわめきから少し離れたくなる。自分の時間。

9 ·SEPTEMBER·

1 日 ひみつの日
一人の時間。過去を振り返り、戦略を練る。自分を大事にする。

2 月 ひみつの日 ▶ スタートの日　　　　　　　　　　　　　[ボイド] 09:27〜12:50
新しいことを始めやすい時間に切り替わる。
◆天王星が「旅」のハウスで逆行開始。自由の意義を探究する時間へ。信念への自己批判。◆逆行中の冥王星が「愛」のハウスへ。2008年頃からの「愛と創造の再生」のプロセスを振り返る時間に入る。

3 火 ●スタートの日
主役の意識で動く。新しい選択肢を選べる。気持ちが切り替わる。☽「自分」のハウスで新月。大切なことがスタートする節目。フレッシュな「切り替え」。

4 水 スタートの日
主役の意識で動く。新しい選択肢を選べる。気持ちが切り替わる。

5 木 スタートの日 ▶ お金の日　　　　　　　　　　　　　[ボイド] 01:08〜01:13
物質面・経済活動が活性化する時間に入る。
◆火星が「夢と友」のハウスへ。交友関係やチームワークに「熱」がこもる。夢を叶える勝負。

6 金 お金の日
いわゆる「金運がいい」日。実入りが良く、いい買い物もできそう。

7 土 お金の日 ▶ メッセージの日　　　　　　　　　　　　[ボイド] 14:10〜14:20
「動き」が出てくる。コミュニケーションの活性。

8 日 メッセージの日
待っていた朗報が届く。勉強が捗る。外に出たくなる日。

9 月 メッセージの日
待っていた朗報が届く。勉強が捗る。外に出たくなる日。
◆再び水星が「自分」のハウスへ。このところの悩みが決着し、爽やかな意欲が出てくる。

10 火 メッセージの日 ▶ 家の日　　　　　　　　　　　　　[ボイド] 02:13〜02:27
生活環境や身内に目が向かう。原点回帰。

11 水 ◑家の日
「普段の生活」が充実。身内との関係強化。環境改善ができる。

12 木 家の日 ▶ 愛の日　　　　　　　　　　　　　　　　[ボイド] 09:22〜11:39
愛の追い風が吹く。好きなことができる。

13 金 愛の日
愛について嬉しいことがある。子育て、趣味、創作にも追い風が。

14 土 愛の日 ▶ メンテナンスの日　　　　　　　　　　　　[ボイド] 16:36〜16:55
「やりたいこと」から「やるべきこと」へのシフト。

15 日 メンテナンスの日
生活や心身の故障部分を修理できる。ケアしたり、されたり。

16 月　メンテナンスの日 ▶ 人に会う日　　　　　　　　　　　[ボイド] 14:06〜18:41
「自分の世界」から「外界」へ出るような節目。

17 火　人に会う日
人に会ったり、会う約束をしたりする日。出会いの気配も。

18 水　〇人に会う日 ▶ プレゼントの日　　　　　　　　　　　[ボイド] 18:04〜18:26
他者との関係に、さらに一歩踏み込めるように。
🌙「他者」のハウスで月食。誰かとの関係が神秘的な「脱皮」を遂げるかも。努力が報われる。

19 木　プレゼントの日
人から貴重なものを受け取れる。提案を受ける場面も。

20 金　プレゼントの日 ▶ 旅の日　　　　　　　　　　　　　[ボイド] 17:40〜18:04
遠い場所との間に、橋が架かり始める。

21 土　旅の日
遠出したり、遠くから人が訪ねてくれたりする日。発信力も増す。

22 日　旅の日 ▶ 達成の日　　　　　　　　　　　　　　　[ボイド] 19:16〜19:26
意欲が湧く。はっきりした成果が出る時間へ。
◆太陽が「生産」のハウスへ。1年のサイクルの中で「物質的・経済的土台」を整備する。

23 月　達成の日
目標に手が届く。結果が出る日。人から認められる場面も。
◆金星が「コミュニケーション」のハウスへ。喜びある学び、対話、外出。言葉による優しさ、愛の伝達。

24 火　達成の日 ▶ 友だちの日　　　　　　　　　　　　　[ボイド] 21:01〜23:52
肩の力が抜け、伸びやかな気持ちになれる。

25 水　◗友だちの日
未来のプランを立てる。友だちと過ごせる。チームワーク。

26 木　友だちの日
未来のプランを立てる。友だちと過ごせる。チームワーク。
◆水星が「生産」のハウスへ。経済活動に知性を活かす。情報収集、経営戦略。在庫整理。

27 金　友だちの日 ▶ ひみつの日　　　　　　　　　　　　[ボイド] 07:14〜07:49
ざわめきから少し離れたくなる。自分の時間。

28 土　ひみつの日
一人の時間。過去を振り返り、戦略を練る。自分を大事にする。

29 日　ひみつの日 ▶ スタートの日　　　　　　　　　　　　[ボイド] 12:37〜18:43
新しいことを始めやすい時間に切り替わる。

30 月　スタートの日
主役の意識で動く。新しい選択肢を選べる。気持ちが切り替わる。

10 · OCTOBER ·

1 火 スタートの日
主役の意識で動く。新しい選択肢を選べる。気持ちが切り替わる。

2 水 スタートの日 ▶ お金の日 ［ボイド］06:41〜07:21
物質面・経済活動が活性化する時間に入る。

3 木 ●お金の日
いわゆる「金運がいい」日。実入りが良く、いい買い物もできそう。
🌙「生産」のハウスで日食。経済的に、ドラマティックなスタートを切ることができそう。

4 金 お金の日 ▶ メッセージの日 ［ボイド］19:42〜20:24
「動き」が出てくる。コミュニケーションの活性。

5 土 メッセージの日
待っていた朗報が届く。勉強が捗る。外に出たくなる日。

6 日 メッセージの日
待っていた朗報が届く。勉強が捗る。外に出たくなる日。

7 月 メッセージの日 ▶ 家の日 ［ボイド］07:54〜08:36
生活環境や身内に目が向かう。原点回帰。

8 火 家の日
「普段の生活」が充実。身内との関係強化。環境改善ができる。

9 水 家の日 ▶ 愛の日 ［ボイド］14:55〜18:40
愛の追い風が吹く。好きなことができる。
◆木星が「目標と結果」のハウスで逆行開始。前進を止めて振り返る「活躍」の内容。立場の確認。

10 木 愛の日
愛について嬉しいことがある。子育て、趣味、創作にも追い風が。

11 金 ●愛の日
愛について嬉しいことがある。子育て、趣味、創作にも追い風が。

12 土 愛の日 ▶ メンテナンスの日 ［ボイド］00:55〜01:33
「やりたいこと」から「やるべきこと」へのシフト。
◆冥王星が「愛」のハウスで順行へ。愛への欲望の泉が再び湧き始める。親和力の肯定。

13 日 メンテナンスの日 ［ボイド］23:12〜
生活や心身の故障部分を修理できる。ケアしたり、されたり。

14 月 メンテナンスの日 ▶ 人に会う日 ［ボイド］〜04:57
「自分の世界」から「外界」へ出るような節目。
◆水星が「コミュニケーション」のハウスへ。知的活動の活性化、コミュニケーションの進展。学習の好機。

15 火 人に会う日
人に会ったり、会う約束をしたりする日。出会いの気配も。

| 16 水 | 人に会う日 ▶ プレゼントの日 [ボイド] 05:02～05:36 |
| | 他者との関係に、さらに一歩踏み込めるように。 |

| 17 木 | ○プレゼントの日 |
| | 人から貴重なものを受け取れる。提案を受ける場面も。☽「ギフト」のハウスで満月。人から「満を持して」手渡されるものがある。他者との融合。 |

| 18 金 | プレゼントの日 ▶ 旅の日 [ボイド] 04:28～05:01 |
| | 遠い場所との間に、橋が架かり始める。◆金星が「家」のハウスへ。身近な人とのあたたかな交流。愛着。居場所を美しくする。 |

| 19 土 | 旅の日 |
| | 遠出したり、遠くから人が訪ねてくれたりする日。発信力も増す。 |

| 20 日 | 旅の日 ▶ 達成の日 [ボイド] 04:35～05:09 |
| | 意欲が湧く。はっきりした成果が出る時間へ。 |

| 21 月 | 達成の日 |
| | 目標に手が届く。結果が出る日。人から認められる場面も。 |

| 22 火 | 達成の日 ▶ 友だちの日 [ボイド] 06:02～07:51 |
| | 肩の力が抜け、伸びやかな気持ちになれる。 |

| 23 水 | 友だちの日 |
| | 未来のプランを立てる。友だちと過ごせる。チームワーク。◆太陽が「コミュニケーション」のハウスへ。1年のサイクルの中でコミュニケーションを繋ぎ直すとき。 |

| 24 木 | ◑友だちの日 ▶ ひみつの日 [ボイド] 13:49～14:26 |
| | ざわめきから少し離れたくなる。自分の時間。 |

| 25 金 | ひみつの日 |
| | 一人の時間。過去を振り返り、戦略を練る。自分を大事にする。 |

| 26 土 | ひみつの日 [ボイド] 17:05～ |
| | 一人の時間。過去を振り返り、戦略を練る。自分を大事にする。 |

| 27 日 | ひみつの日 ▶ スタートの日 [ボイド] ～00:49 |
| | 新しいことを始めやすい時間に切り替わる。 |

| 28 月 | スタートの日 |
| | 主役の意識で動く。新しい選択肢を選べる。気持ちが切り替わる。 |

| 29 火 | スタートの日 ▶ お金の日 [ボイド] 12:56～13:31 |
| | 物質面・経済活動が活性化する時間に入る。 |

| 30 水 | お金の日 |
| | いわゆる「金運がいい」日。実入りが良く、いい買い物もできそう。 |

| 31 木 | お金の日 |
| | いわゆる「金運がいい」日。実入りが良く、いい買い物もできそう。 |

11 ・NOVEMBER・

1 金
● お金の日 ▶ メッセージの日 [ボイド] 01:59〜02:31
「動き」が出てくる。コミュニケーションの活性。
🌙「コミュニケーション」のハウスで新月。新しいコミュニケーションが始まる。学び始める。朗報も。

2 土
メッセージの日
待っていた朗報が届く。勉強が捗る。外に出たくなる日。

3 日
メッセージの日 ▶ 家の日 [ボイド] 13:53〜14:21
生活環境や身内に目が向かう。原点回帰。
◆水星が「家」のハウスへ。来訪者。身近な人との対話。若々しい風が居場所に吹き込む。

4 月
家の日
「普段の生活」が充実。身内との関係強化。環境改善ができる。
◆火星が「ひみつ」のハウスへ。内なる敵と闘って克服できる時間。自分の真の強さを知る。

5 火
家の日 [ボイド] 19:25〜
「普段の生活」が充実。身内との関係強化。環境改善ができる。

6 水
家の日 ▶ 愛の日 [ボイド] 〜00:19
愛の追い風が吹く。好きなことができる。

7 木
愛の日
愛について嬉しいことがある。子育て、趣味、創作にも追い風が。

8 金
愛の日 ▶ メンテナンスの日 [ボイド] 07:39〜07:59
「やりたいこと」から「やるべきこと」へのシフト。

9 土
◗ メンテナンスの日
生活や心身の故障部分を修理できる。ケアしたり、されたり。

10 日
メンテナンスの日 ▶ 人に会う日 [ボイド] 09:25〜13:02
「自分の世界」から「外界」へ出るような節目。

11 月
人に会う日
人に会ったり、会う約束をしたりする日。出会いの気配も。

12 火
人に会う日 ▶ プレゼントの日 [ボイド] 15:15〜15:27
他者との関係に、さらに一歩踏み込めるように。
◆金星が「愛」のハウスへ。華やかな愛の季節の始まり。創造的活動への強い追い風。

13 水
プレゼントの日
人から貴重なものを受け取れる。提案を受ける場面も。

14 木
プレゼントの日 ▶ 旅の日 [ボイド] 15:52〜16:01
遠い場所との間に、橋が架かり始める。

15 金
旅の日
遠出したり、遠くから人が訪ねてくれたりする日。発信力も増す。
◆土星が「他者」のハウスで順行へ。人と向き合う態勢を整える。人から学ぶ姿勢の強化。

16 土 〇旅の日 ▶ 達成の日　　　　　　　　　　　[ボイド] 16:04〜16:10
意欲が湧く。はっきりした成果が出る時間へ。
🌙「旅」のハウスで満月。遠い場所への扉が「満を持して」開かれる。
遠くまで声が届く。

17 日 達成の日
目標に手が届く。結果が出る日。人から認められる場面も。

18 月 達成の日 ▶ 友だちの日　　　　　　　　　　[ボイド] 13:10〜17:51
肩の力が抜け、伸びやかな気持ちになれる。

19 火 友だちの日
未来のプランを立てる。友だちと過ごせる。チームワーク。

20 水 友だちの日 ▶ ひみつの日　　　　　　　　　[ボイド] 20:22〜22:53
ざわめきから少し離れたくなる。自分の時間。
◆冥王星が「任務」のハウスへ。ここから2043年頃にかけ、生活の
あり方が様変わりする。

21 木 ひみつの日
一人の時間。過去を振り返り、戦略を練る。自分を大事にする。

22 金 ひみつの日　　　　　　　　　　　　　　　[ボイド] 22:16〜
一人の時間。過去を振り返り、戦略を練る。自分を大事にする。
◆太陽が「家」のハウスへ。1年のサイクルの中で「居場所・家・
心」を整備し直すとき。

23 土 ◑ひみつの日 ▶ スタートの日　　　　　　　[ボイド] 〜08:03
新しいことを始めやすい時間に切り替わる。

24 日 スタートの日
主役の意識で動く。新しい選択肢を選べる。気持ちが切り替わる。

25 月 スタートの日 ▶ お金の日　　　　　　　　　[ボイド] 14:37〜20:21
物質面・経済活動が活性化する時間に入る。

26 火 お金の日
いわゆる「金運がいい」日。実入りが良く、いい買い物もできそう。
◆水星が「家」のハウスで逆行開始。家族や身近な人にじっくり時
間と労力を注ぐ時間へ。

27 水 お金の日　　　　　　　　　　　　　　　　[ボイド] 18:16〜
いわゆる「金運がいい」日。実入りが良く、いい買い物もできそう。

28 木 お金の日 ▶ メッセージの日　　　　　　　　[ボイド] 〜09:22
「動き」が出てくる。コミュニケーションの活性。

29 金 メッセージの日
待っていた朗報が届く。勉強が捗る。外に出たくなる日。

30 土 メッセージの日 ▶ 家の日　　　　　　　　　[ボイド] 15:21〜20:55
生活環境や身内に目が向かう。原点回帰。

12 ・DECEMBER・

1	日	●家の日 「普段の生活」が充実。身内との関係強化。環境改善ができる。 ☾「家」のハウスで新月。心の置き場所が新たに定まる。日常に新しい風が吹き込む。
2	月	家の日 「普段の生活」が充実。身内との関係強化。環境改善ができる。
3	火	家の日 ▶ 愛の日　　　　　　　　　　　　　　　[ボイド] 00:49～06:11 愛の追い風が吹く。好きなことができる。
4	水	愛の日 愛について嬉しいことがある。子育て、趣味、創作にも追い風が。
5	木	愛の日 ▶ メンテナンスの日　　　　　　　　　[ボイド] 08:36～13:23 「やりたいこと」から「やるべきこと」へのシフト。
6	金	メンテナンスの日 生活や心身の故障部分を修理できる。ケアしたり、されたり。
7	土	メンテナンスの日 ▶ 人に会う日　　　　　　　[ボイド] 09:03～18:51 「自分の世界」から「外界」へ出るような節目。 ◆火星が「ひみつ」のハウスで逆行開始。「隠れた敵」が見えてきて、闘う手掛かりを得られる。◆金星が「任務」のハウスへ。美しい生活スタイルの実現。美のための習慣。楽しい仕事。
8	日	人に会う日 人に会ったり、会う約束をしたりする日。出会いの気配も。 ◆海王星が「他者」のハウスで順行へ。信頼関係が前向きな進展へ。人を信じる気持ちの強化。
9	月	◑人に会う日　　　　　　　　　　　　　　　　[ボイド] 17:46～22:39 他者との関係に、さらに一歩踏み込めるように。
10	火	プレゼントの日 人から貴重なものを受け取れる。提案を受ける場面も。
11	水	プレゼントの日　　　　　　　　　　　　　　　[ボイド] 07:15～ 人から貴重なものを受け取れる。提案を受ける場面も。
12	木	プレゼントの日 ▶ 旅の日　　　　　　　　　　[ボイド] ～00:57 遠い場所との間に、橋が架かり始める。
13	金	旅の日　　　　　　　　　　　　　　　　　　　[ボイド] 21:41～ 遠出したり、遠くから人が訪ねてくれたりする日。発信力も増す。
14	土	旅の日 ▶ 達成の日　　　　　　　　　　　　　[ボイド] ～02:23 意欲が湧く。はっきりした成果が出る時間へ。
15	日	○達成の日　　　　　　　　　　　　　　　　　[ボイド] 23:33～ 目標に手が届く。結果が出る日。人から認められる場面も。 ☾「目標と結果」のハウスで満月。目標達成のとき。社会的立場が一段階上がるような節目。

16 月 達成の日 ▶ 友だちの日 [ボイド] 〜04:23
肩の力が抜け、伸びやかな気持ちになれる。
◆水星が「家」のハウスで順行へ。居場所での物事の流れがスムーズになる。家族の声。

17 火 友だちの日
未来のプランを立てる。友だちと過ごせる。チームワーク。

18 水 友だちの日 ▶ ひみつの日 [ボイド] 03:35〜08:41
ざわめきから少し離れたくなる。自分の時間。

19 木 ひみつの日
一人の時間。過去を振り返り、戦略を練る。自分を大事にする。

20 金 ひみつの日 ▶ スタートの日 [ボイド] 14:21〜16:39
新しいことを始めやすい時間に切り替わる。

21 土 スタートの日
主役の意識で動く。新しい選択肢を選べる。気持ちが切り替わる。
◆太陽が「愛」のハウスへ。1年のサイクルの中で「愛・喜び・創造性」を再生するとき。

22 日 スタートの日 [ボイド] 22:29〜
主役の意識で動く。新しい選択肢を選べる。気持ちが切り替わる。

23 月 ❶ スタートの日 ▶ お金の日 [ボイド] 〜04:09
物質面・経済活動が活性化する時間に入る。

24 火 お金の日 [ボイド] 19:46〜
いわゆる「金運がいい」日。実入りが良く、いい買い物もできそう。

25 水 お金の日 ▶ メッセージの日 [ボイド] 〜17:08
「動き」が出てくる。コミュニケーションの活性。

26 木 メッセージの日
待っていた朗報が届く。勉強が捗る。外に出たくなる日。

27 金 メッセージの日 [ボイド] 23:26〜
待っていた朗報が届く。勉強が捗る。外に出たくなる日。

28 土 メッセージの日 ▶ 家の日 [ボイド] 〜04:48
生活環境や身内に目が向かう。原点回帰。

29 日 家の日
「普段の生活」が充実。身内との関係強化。環境改善ができる。

30 月 家の日 ▶ 愛の日 [ボイド] 08:36〜13:39
愛の追い風が吹く。好きなことができる。

31 火 ●愛の日
愛について嬉しいことがある。子育て、趣味、創作にも追い風が。
☽「愛」のハウスで新月。愛が「生まれる」ようなタイミング。大切なものと結びつく。

参考　カレンダー解説の文字・線の色

あなたの星座にとって星の動きがどんな意味を
持つか、わかりやすくカレンダーに書き込んで
みたのが、P.89からの「カレンダー解説」です。
色分けは厳密なものではありませんが、だいた
い以下のようなイメージで分けられています。

――― **赤色**
インパクトの強い出来事、意欲や情熱、
パワーが必要な場面。

――― 水色
ビジネスや勉強、コミュニケーションなど、
知的な活動に関すること。

――― **紺色**
重要なこと、長期的に大きな意味のある変化。
精神的な変化、健康や心のケアに関すること。

――― 緑色
居場所、家族に関すること。

――― **ピンク色**
愛や人間関係に関すること。嬉しいこと。

――― オレンジ色
経済活動、お金に関すること。

乙女座 2024年の
カレンダー解説

● 解説の文字・線の色のイメージは P.88 をご参照下さい ●

1 ·JANUARY·

mon	tue	wed	thu	fri	sat	sun
1	2	3	4	5	6	7
8	9	10	⑪	12	13	14
15	16	17	18	19	20	㉑
22	23	24	25	26	27	28
29	30	31				

1/4–2/17 愛のドラマが
ダイナミックに展開する。
クリエイティブな活動にも
大チャンスが訪れる。遊び
や趣味、子育てなどにも追
い風が吹く、とても楽しい
時間。

1/11 「愛が生まれる」タイ
ミング。好きになれること
に出会える。恋に落ちる人
も。クリエイティブな活動
の新しいスタートライン。

1/21 不思議な忙しさが出
てくる。熱い使命感が湧い
てくる。「これは自分の仕事
だ」という直観が生まれる。

2 ·FEBRUARY·

mon	tue	wed	thu	fri	sat	sun
			1	2	3	4
5	6	7	8	9	10	11
12	13	14	15	16	17	18
19	20	21	22	23	㉔	25
26	27	28	29			

2/17–2/23 熱い多忙期。
依頼や相談が集まってくる。
ニーズが寄せられる。ある
いは逆に、自分自身がケア
やサポートを受けられる時
間。助け合える。

2/24 頑張ってきたこと
が認められ、大きく前進で
きる時。目指す場所に辿り
着ける。一山越える時。大
切なターニングポイント。

3 ・MARCH・

mon	tue	wed	thu	fri	sat	sun
				1	2	3
4	5	6	7	8	9	⑩
11	⑫	13	14	15	16	17
18	19	20	21	22	23	24
㉕	26	27	28	29	30	31

4 ・APRIL・

mon	tue	wed	thu	fri	sat	sun
1	2	3	4	5	6	7
8	⑨	10	11	12	13	14
15	16	17	18	19	20	21
22	23	24	25	26	27	28
29	30					

3/10　素敵な出会いの時。パートナーとの関係に新鮮な風が流れ込む。対話や交渉が始まる。

3/12–5/1　人の好意を強く感じられる時。パートナーシップや恋愛にも、強い追い風が吹く。

3/23からはそこに「熱量」が加わる。情熱的な人間関係。熱い交渉事も。

3/25　経済活動における努力が実を結ぶ。臨時収入が入るなど、お金に関して嬉しいことが起こる。

4/2–4/25　価値あるものを「取り戻せる」時。「お礼」を受け取れる。一度立ち止まって、経済活動にまつわる人間関係を見つめ直せる。

4/9　人との距離が縮まる。パートナーや関係者の経済的問題が解決に向かう。突然のギフト。

4/29–5/24　素晴らしい冒険旅行の時間。遠出を通して大きく成長できる。嬉しい、楽しい旅。勉強もとても楽しくなる。特別なコミュニケーションの時間。大切な言葉。

5 ·MAY·

mon	tue	wed	thu	fri	sat	sun
		1	2	3	4	5
6	7	8	9	10	11	12
13	14	15	16	17	18	19
20	21	22	23	24	25	(26)
27	28	29	30	31		

6 ·JUNE·

mon	tue	wed	thu	fri	sat	sun
					1	2
3	4	5	(6)	7	8	(9)
10	11	12	13	14	15	16
17	18	19	20	21	(22)	23
24	25	26	27	28	29	30

5/24–6/17 たくさんのチャンスが巡ってくる、活躍の時。複数のことが同時に始まり、てんやわんやになるかも。ガンガン「攻める」姿勢で挑みたい時。

5/26–2025/6/10 「大活躍、大成功の季節」へ。キャリアにおける飛躍の時。社会的立場が大きく変わる。大ブレイクを果たす人も。

6/6 新しいミッションが始まる。とてもフレッシュなタイミング。新しい目標を掲げ、行動を起こす人も。

6/9–7/21 熱い「冒険と学びの時間」。熱い「師」に出会う人も。コミュニケーションにも熱がこもる。議論や論争に挑む人も。多少のつまずきは気にせず、果敢に進みたい時。

6/22 「愛が満ちる・実る」時。クリエイティブな活動において、大きな成果を挙げる人も。このタイミングが「第一弾」で、7/21に「第二弾」の展開が訪れる。

7 • JULY •

mon	tue	wed	thu	fri	sat	sun
1	2	3	4	5	6	7
8	9	10	11	12	13	14
15	16	17	18	19	20	(21)
22	23	24	25	(26)	27	28
29	30	31				

8 • AUGUST •

mon	tue	wed	thu	fri	sat	sun
			1	2	3	4
5	6	7	8	9	10	11
12	13	14	15	16	17	18
19	20	21	22	23	24	25
26	27	28	(29)	30	31	

7/21　愛の結実の時。6/22の「続き」のような愛のドラマが展開するかも。クリエイティブな活動においても、二段ロケットの二段目のようなブーストがかかる。

7/21-9/5　仕事や対外的な活動における「勝負」の時間。勝負のスケールが大きい。とにかく挑戦して、素晴らしい結果を出せる。外に出て闘える時。キャリアが一変する。

7/26-9/29　腰を据えてじっくり学べることがある。時間をかけて語り合うべきテーマが浮上する。先を急ぐより、立ち止まって物事を深く掘り下げることが必要な時。

8/5-8/29　キラキラ輝くような、楽しい時間。愛にも強い光が射し込む。より魅力的に「変身」する人も。

8/29-9/23　経済的に嬉しいことが起こる。臨時収入が入ったり、欲しいものが手に入ったりする。「金運がいい」時。

9 · SEPTEMBER ·

mon	tue	wed	thu	fri	sat	sun
						1
2	③	4	5	6	7	8
9	10	11	12	13	14	15
16	17	⑱	19	20	21	22
23	24	25	26	27	28	29
30						

9/3　特別なスタートライン。新しいことを始められる。目新しいことが起こる。

9/9–9/26　絶好調。これまで立ち止まってじっくり振り返った分、スッキリして大きく前進できる。のびのびと動ける時。自分の成長を実感できる。

9/18　人間関係が大きく進展する。大事な約束を交わす人も。意外な縁が結ばれる。出会いや契約など、強い繋がりを実感できる時。

10 · OCTOBER ·

mon	tue	wed	thu	fri	sat	sun
	1	2	③	4	5	6
7	8	9	10	11	12	13
14	15	16	17	⑱	19	20
21	22	23	24	25	26	27
28	29	30	31			

10/3　経済活動において、突然の想定外な進展があるかも。意外なものが手に入るとか。面白いアイテムの発見。臨時収入の気配も。

10/14–10/18　コミュニケーションの輪が広がる。活き活きと動ける時。身近な人と深く話し合える。不思議と物事がうまくいく。

10/18–2025/1/8　家族や身近な人との時間がとても濃密になる。いろいろないいものが、家に「入ってくる」。来客が増える。環境が変わる。

11 •NOVEMBER•

mon	tue	wed	thu	fri	sat	sun
				1	2	3
4	5	6	7	8	9	10
11	12	13	14	15	16	17
18	19	20	21	22	23	24
25	26	27	28	29	30	

11/16　「満を持して」行きたかった場所に辿り着けるかも。勉強や研究など知的活動において大きな成果を挙げられる。

11/12–12/7　愛がキラキラ輝く時。クリエイティブな活動にも強い追い風が吹く。遊び、趣味、子育てにも楽しく取り組める。何年も切望してきたことが叶うかも。

11/20　ここから2043年にかけて、ライフワークに出会えるかも。自分の使命、「天命」を見つけられる。

11/26–12/16　大切な存在が「帰ってくる」「戻ってくる」時。懐かしい人が訪ねて来てくれる。

12 •DECEMBER•

mon	tue	wed	thu	fri	sat	sun
						1
2	3	4	5	6	7	8
9	10	11	12	13	14	15
16	17	18	19	20	21	22
23	24	25	26	27	28	29
30	31					

12/15　大きな目標を達成できる。仕事や対外的な活動で大きな成果を挙げられる。このところ足踏みを強いられていた人は、このあたりからスッキリと動きやすくなるかも。

12/31　今年二度目の「愛が生まれる」タイミング。恋に落ちる人も。クリエイティブな活動のスタートライン。

2024年のプチ占い（天秤座〜魚座）

天秤座（9/24-10/23生まれ）

出会いとギフトの年。自分では決して出会えないようなものを、色々な人から手渡される。チャンスを作ってもらえたり、素敵な人と繋げてもらえたりするかも。年の後半は大冒険と学びの時間に入る。

蠍座（10/24-11/22生まれ）

パートナーシップと人間関係の年。普段関わるメンバーが一変したり、他者との関わり方が大きく変わったりする。人と会う機会が増える。素晴らしい出会いに恵まれる。人から受け取るものが多い年。

射手座（11/23-12/21生まれ）

働き方や暮らし方を大きく変えることになるかも。健康上の問題を抱えていた人は、心身のコンディションが好転する可能性が。年の半ば以降は、出会いと関わりの時間に入る。パートナーを得る人も。

山羊座（12/22-1/20生まれ）

2008年頃からの「魔法」が解けるかも。執着やこだわり、妄念から解き放たれる。深い心の自由を得られる。年の前半は素晴らしい愛と創造の季節。楽しいことが目白押し。後半は新たな役割を得る人も。

水瓶座（1/21-2/19生まれ）

野心に火がつく。どうしても成し遂げたいことに出会えるかも。自分を縛ってきた鎖を粉砕するような試みができる。年の前半は新たな居場所を見つけられるかも。後半はキラキラの愛と創造の時間へ。

魚座（2/20-3/20生まれ）

コツコツ続けてきたことが、だんだんと形になる。理解者に恵まれ、あちこちから意外な助け船を出してもらえる年。年の半ばから約1年の中で、新しい家族が増えたり、新たな住処を見つけたりできる。

（※牡羊座〜乙女座はP.30）

星のサイクル
海王星

✿ 海王星のサイクル

　現在魚座に滞在中の海王星は、2025年3月に牡羊座へと移動を開始し、2026年1月に移動を完了します。つまり今、私たちは2012年頃からの「魚座海王星時代」を後にし、新しい「牡羊座海王星時代」を目前にしているのです。海王星のサイクルは約165年ですから、一つの星座の海王星を体験できるのはいずれも、一生に一度です。海王星は幻想、理想、夢、無意識、音楽、映像、海、オイル、匂いなど、目に見えないもの、手で触れないものに関係の深い星です。現実と理想、事実と想像、生と死を、私たちは生活の中で厳密に分けていますが、たとえば詩や映画、音楽などの世界では、その境界線は極めて曖昧になります。さらに、日々の生活の中でもごくマレに、両者の境界線が消える瞬間があります。その時私たちは、人生の非常に重要な、ある意味危険な転機を迎えます。「精神のイニシエーション」をしばしば、私たちは海王星とともに過ごすのです。以下、来年からの新しい「牡羊座海王星時代」を、少し先取りして考えてみたいと思います。

海王星のサイクル年表（詳しくは次のページへ）

時　期	乙女座のあなたにとってのテーマ
1928年 - 1943年	コントロール不能な、精神的成長の過程
1942年 - 1957年	魂とお金の関係
1955年 - 1970年	価値観、世界観の精神的アップデート
1970年 - 1984年	居場所、水、清らかな感情
1984年 - 1998年	愛の救い、愛の夢
1998年 - 2012年	心の生活、セルフケアの重要性
2011年 - 2026年	「他者との関わり」という救い
2025年 - 2039年	経済活動が「大きく回る」時
2038年 - 2052年	精神の学び
2051年 - 2066年	人生の、真の精神的目的
2065年 - 2079年	できるだけ美しい夢を描く
2078年 - 2093年	大スケールの「救い」のプロセス

※時期について／海王星は順行・逆行を繰り返すため、星座の境界線を
何度か往復してから移動を完了する。上記の表で、開始時は最初の移動の
タイミング、終了時は移動完了のタイミング。

◆ **1928-1943年　コントロール不能な、精神的成長の過程**

「自分」が靄に包まれたように見えなくなり、アイデンティティ
を見失うことがあるかもしれません。意識的なコントロールや
努力を離れたところで、人生の神髄に触れ、精神的な成長が深
まります。この時期を終える頃、決して衰えることも傷つくこ
ともない、素晴らしい人間的魅力が備わります。

◆ **1942-1957年　魂とお金の関係**

経済活動は「計算」が基本です。ですがこの時期は不思議と「計
算が合わない」傾向があります。世の経済活動の多くは、実際
には「割り切れないこと」だらけです。こうした「1＋1＝2」
にならない経済活動の秘密を見つめるための「心の力」が成長
する時期です。魂とお金の関係の再構築が進みます。

◆ **1955-1970年　価値観、世界観の精神的アップデート**

誰もが自分のイマジネーションの世界を生きています。どんな
に「目の前の現実」を生きているつもりでも、自分自身の思い
込み、すなわち「世界観」の外には、出られないのです。そう
した「世界観」の柱となるのが、価値観や思想です。そうした
世界観、枠組みに、大スケールのアップデートが起こります。

◆ **1970-1984年　居場所、水、清らかな感情**

心の風景と実際の生活の場の風景を、時間をかけて「洗い上げ
る」ような時間です。家族や「身内」と呼べる人たちとの深い
心の交流が生まれます。居場所や家族との関係の変容がそのま
ま、精神的成長に繋がります。物理的な居場所のメンテナンス
が必要になる場合も。特に水回りの整備が重要な時です。

◆ **1984-1998年 愛の救い、愛の夢**

感受性がゆたかさを増し、才能と個性が外界に向かって大きく開かれて、素晴らしい創造性を発揮できる時です。人の心を揺さぶるもの、人を救うものなどを、あなたの活動によって生み出せます。誰もが心の中になんらかの痛みや傷を抱いていますが、そうした傷を愛の体験を通して「癒し合える」時です。

◆ **1998-2012年 心の生活、セルフケアの重要性**

できる限りワガママに「自分にとっての、真に理想と言える生活のしかた」を作ってゆく必要があります。自分の精神や「魂」が心底求めている暮らし方を、時間をかけて創造できます。もっともらしい精神論に惑わされて自分を見失わないで。他者にするのと同じくらい、自分自身をケアしたい時です。

◆ **2011-2026年 「他者との関わり」という救い**

人から精神的な影響を受ける時期です。一対一での他者との関わりの中で、自分の考え方や価値観の独特な癖に気づかされ、さらに「救い」を得られます。相手が特に「救おう」というつもりがなくとも、その関係の深まり自体が救いとなるのです。人生を変えるような、大きな心の結びつきを紡ぐ時間です。

◆ **2025-2039年 経済活動が「大きく回る」時**

「人のために、自分の持つ力を用いる」という意識を持つことと、「自分ではどうにもできないこと」をありのままに受け止めること。この二つのスタンスが、あなたを取り巻く経済活動を大きく活性化させます。無欲になればなるほど豊かさが増し、生活の流れが良くなるのです。性愛の夢を生きる人も。

◆ 2038-2052年　精神の学び

ここでの学びの目的は単に知識を得ることではなく、学びを通した精神的成長です。学びのプロセスは言わば「手段」です。「そんなことを学んで、なんの役に立つの？」と聞かれ、うまく答えられないようなことこそが、この時期真に学ぶべきテーマだからです。学びを通して、救いを得る人もいるはずです。

◆ 2051-2066年　人生の、真の精神的目的

仕事で大成功して「これはお金のためにやったのではない」と言う人がいます。「では、なんのためなのか」は、その人の精神に、答えがあります。この時期、あなたは自分の人生において真に目指せるものに出会うでしょう。あるいは、多くの人から賞賛されるような「名誉」を手にする人もいるはずです。

◆ 2065-2079年　できるだけ美しい夢を描く

人生で一番美しく、大きく、素敵な夢を描ける時です。その夢が実現するかどうかより、できるだけ素晴らしい夢を描くということ自体が重要です。夢を見たことがある人と、そうでない人では、人生観も大きく異なるからです。大きな夢を描き、希望を抱くことで、人生で最も大切な何かを手に入れられます。

◆ 2078-2093年　大スケールの「救い」のプロセス

あなたにとって「究極の望み」「一番最後の望み」があるとしたら、どんな望みでしょうか。「一つだけ願いを叶えてあげるよ」と言われたら、何を望むか。この命題に、新しい答えを見つけられます。「一つだけ叶う願い」は、あなたの心の救いとなり、さらに、あなたの大切な人を救う原動力ともなります。

〜先取り！ 2025年からのあなたの「海王星時代」〜
経済活動が「大きく回る」時

　素晴らしいギフトを受け取れる時期です。でも、それには一つ、条件があるかもしれません。それは、あなた自身が限りなく無欲で、利他的でいる、ということです。矛盾しているようですが、この時期は無欲であればあるほど、多くを受け取れるのです。不思議なことに「自分の取り分を大きくしよう」「確実に多くのお金を儲けよう」「ムダを出さないようにしよう」と思えば思うほど、経済活動において妙に「血の巡りが悪く」なります。あなたの気前が良ければ良いほど、実入りが良くなり、ケチればケチるほど、流入するモノが減ります。この「気前がいい」とは、単に散財する、無駄遣いする、ということではありません。そうではなく「人のために、自分の持っている力を用いる」という意識が大事なのです。人のために何かしたい、協力したい、力を貸したい、と思うほど、いつのまにか自分自身の取り分が増えます。

　欲望が透明になり、普段とは違った衝動に突き動かされるでしょう。官能的な関係に耽溺する人も少なく

ありませんが、その少々危険な体験の中で、真に人生において大切なものを発見できるかもしれません。一方、セクシュアルハラスメントや性暴力などに傷つけられた時は、一人で抱え込まず、助けを求めることが大切です。世の中には「自分ではどうにもできないこと」がたくさんあります。助けを求めるべき場面、人に任せたり預けたりするほうがいい場面もよくあります。そうした時、「できない自分」を責めたり、過去の自分の行動をあれこれ自己批判したりするのは、理に適ったことではありません。

　この時期は特に、まず自分自身の過去と現在を肯定することから、全てが始まります。肯定とは「よい」「優れている」という評価ではありません。「悪くない」「そのままで何の問題もない」という受け止めです。自分が自分として生きていることは完全に「OK」なのです。自分で自分を「OK」とすることを限りなく難しく感じている人も、世の中には少なくありません。ですがまずは、それこそがスタートラインです。「自己否定をやめる」「自己への非難をやめる」「無用な罪悪感を手放す」ことから、最初の一歩を踏み出せます。

12星座プロフィール

乙女座のプロフィール
分析の星座

I analyze.

キャラクター

◆ 分析の星座

　乙女座の人々は、優れた感受性に恵まれています。この「感受性」は、主に二つの意味を含んでいます。一つは、聴覚や味覚など、身体に備わっている「五感」です。そしてもう一つは、物事の変化や世界の多様さに対する、精神的、知的感受性です。乙女座の人々はその身体性を通して世界からあらゆるシグナルをキャッチし、キャッチしたものたちに名前や概念を与えて、それを整理することができるのです。

◆ 真面目さと、ユーモアと

　非常に几帳面で、真面目で、責任感が強く、規範意識が高い人の多い星座です。いわゆる「優等生」的なキャラクターも多く見られます。コンサバティブで、折り目正しく、細部にこだわり、清潔感があって、神経質さも見られます。

　ですがその一方で、人が驚くほどユニークな面を見せることがあります。ブラックユーモアを好んだり、非常にキ

ッチュなものを集めたりします。誰も見向きもしないようなおかしなものを「かわいい」と喜んだりする人も少なくありません。乙女座の人々のユーモアセンスはかなり特異なものですが、人を不思議なくらい惹きつけます。

◆ 化学反応と変容

　乙女座の人々は、人でも植物でも物事でも、「成長させる」「教育する」「育てる」ことが得意です。物事に内在する可能性やポテンシャルをうまく引き出す力を持っているのです。自分自身ももちろん、素晴らしい成長を遂げますが、周囲の人々を導いて育てることが得意なのです。植物を育てるには、ただ水や肥料を与えまくればいいというものではありません。植物の種類によって育て方は異なりますし、手出しをせずにただ見守る時間も必要です。人を育てる上でも、このことは大いに当てはまります。乙女座の人々の感受性は、相手が何を必要として、どう変わりつつあるのかを、正確にキャッチします。そして、その働き者の手と心で、必要な養分を適切に与えるのです。

◆ クリエイティブな手

　乙女座には、手芸やアートを得意とする人が多いようです。素材や画材等の中に潜む本質を探り当て、それにふさ

わしい変容を実現するのが、乙女座の人の創造性です。純粋な自己表現を求めるよりは、人を喜ばせたり、人のニーズに応えたりすることに喜びを感じる傾向があります。「ひとりよがり」は、乙女座の人の最も嫌うことなのです。「今そこにあるものを、誰かのために、変化させる」のが、乙女座の人の手に備わっている魔法です。

◆ 優れた実務者

　乙女座の人々は、現実を鋭く捉え、あくまで現実的に対応する力を持っています。人の役に立つことが好きで、頭も身体も休ませない働き者です。他の人が難しさのあまり放棄したタスクも、すらりと整理して楽々とこなしてしまいます。心のこもった仕事は、誰からも大いに信頼されます。

　乙女座の人々はリアリストです。ですがその一方で、骨の髄からのロマンティストでもあります。この二面性は人生の随所で、乙女座の人を助けもし、迷わせることもあります。

◆ 他者との繋がり

　乙女座の人は、人の心や意思も、とても細やかに感じ取ります。ゆえに、人からの影響を受けやすいところがあり

ます。また、人生の分岐点で迷ったとき、自分で決められ
ずに、身近な人に決めてもらおうとする場合もあるようで
す。人生の途中で、他人に自分の人生を「任せて」しまお
うとする人もいます。生来の責任感と実務感覚からすると、
このような依存的な態度が生まれるのは不思議なことです
が、おそらく、感受性の鋭さと想像力の大きさが結びつく
と、余計な情報に基づく不安ばかりが増大してしまい、「抱
えきれなくなってしまう」のかもしれません。

支配星・神話

◇ 水星と、デメテル

　乙女座を支配する星は水星で、守護神はケレス、ギリシ
ャ神話で言うところのデメテルです。水星は知性と感受性
の星であり、ケレスは大地の女神、豊穣と穀物の神で、ま
さに乙女座が知性と生産性の星座であることをダイレクト
に表しています。

◇ デメテルとペルセフォネ

　乙女座の「乙女」が誰なのかは諸説ありますが、上記の
デメテルの娘、ペルセフォネはその有力候補です。ある日
花を摘みに出かけたペルセフォネは、冥界の神プルートー
に見初められ、妃にすべく連れ去られました。驚いた母デ

メテルは娘を捜し回り、田畑を実らせる仕事をすべて放棄したため、世界は不毛の地となってしまいました。そこで大神ゼウスが仲裁に入り、ペルセフォネは1年のうち4カ月は冥界の女王として過ごし、残りは地上で、母とともに暮らすことになりました。冥界と地上を行き来する「乙女」のイメージは、乙女座の人の生真面目さとユニークさの共存を、よく映し出しているようにも思われます。

乙女座の才能

　多才な人、多趣味な人が多い星座です。いろいろなことに興味を持ち、マジメに練習して取り組むため、たくさんの特技が身につくのです。ダンスや音楽などはもちろん、「身体を鍛える」こと自体に特別な喜びを見出す人もいます。健康や「身体を作る」こと自体にとても詳しくなります。自分自身だけでなく、周囲の人をケアし、サポートし、時には管理することも上手です。時間の管理、作業管理、リソースの管理などをさせたら、乙女座の右に出る星座はありません。さらには、植物を育てたり、野菜や果物を実らせたりするのに長けた人もいます。「緑の指」の持ち主です。夢見る力に恵まれていて、一大ファンタジーワールドを頭の中で建設してしまう人も少なくありません。

牡羊座　はじまりの星座　　　　　　　　　　　　I am.

素敵なところ

裏表がなく純粋で、自他を比較しません。明るく前向きで、正義感が強く、諍いのあともさっぱりしています。欲しいものを欲しいと言える勇気、自己主張する勇気、誤りを認める勇気の持ち主です。

キーワード

勢い／勝負／果断／負けず嫌い／せっかち／能動的／スポーツ／ヒーロー・ヒロイン／華やかさ／アウトドア／草原／野生／丘陵／動物愛／議論好き／肯定的／帽子・頭部を飾るもの／スピード／赤

 牡牛座　五感の星座　　　　　　　　　　　　　I have.

素敵なところ

感情が安定していて、態度に一貫性があります。知識や経験をたゆまずゆっくり、たくさん身につけます。穏やかでも不思議な存在感があり、周囲の人を安心させます。美意識が際立っています。

キーワード

感覚／色彩／快さ／リズム／マイペース／芸術／暢気(のんき)／贅沢／コレクション／一貫性／素直さと頑固さ／価値あるもの／美声・歌／料理／庭造り／変化を嫌う／積み重ね／エレガント／レモン色／白

 双子座　知と言葉の星座　　　　　　　　　　　I think.

素敵なところ

イマジネーション能力が高く、言葉と物語を愛するユニークな人々です。フットワークが良く、センサーが敏感で、いくつになっても若々しく見えます。場の空気・状況を変える力を持っています。

キーワード

言葉／コミュニケーション／取引・ビジネス／相対性／比較／関連づけ／物語／比喩／移動／旅／ジャーナリズム／靴／天使・翼／小鳥／桜色／桃色／空色／文庫本／文房具／手紙

蟹座　感情の星座

I feel.

素敵なところ

心優しく、共感力が強く、人の世話をするときに手間を惜しみません。行動力に富み、人にあまり相談せずに大胆なアクションを起こすことがありますが、「聞けばちゃんと応えてくれる」人々です。

キーワード

感情／変化／月／守護・保護／日常生活／行動力／共感／安心／繰り返すこと／拒否／生活力／フルーツ／アーモンド／巣穴／胸部、乳房／乳白色／銀色／真珠

獅子座　意思の星座

I will.

素敵なところ

太陽のように肯定的で、安定感があります。深い自信を持っており、側にいる人を安心させることができます。人を頷かせる力、一目置かせる力、パワー感を持っています。内面には非常に繊細な部分も。

キーワード

強さ／クールさ／肯定的／安定感／ゴールド／背中／自己表現／演技／芸術／暖炉／広場／人の集まる賑やかな場所／劇場・舞台／お城／愛／子供／緋色／パープル／緑

乙女座　分析の星座

I analyze.

素敵なところ

一見クールに見えるのですが、とても優しく世話好きな人々です。他者に対する観察眼が鋭く、シャープな批評を口にしますが、その相手の変化や成長を心から喜べる、「教育者」の顔を持っています。

キーワード

感受性の鋭さ／「気が利く」人／世話好き／働き者／デザイン／コンサバティブ／胃腸／神経質／分析／調合／変化／回復の早さ／迷いやすさ／研究家／清潔／ブルーブラック／空色／桃色

天秤座　関わりの星座

I balance.

素敵なところ

高い知性に恵まれると同時に、人に対する深い愛を抱いています。視野が広く、客観性を重視し、細やかな気遣いができます。内側には熱い情熱を秘めていて、個性的なこだわりや競争心が強い面も。

キーワード

人間関係／客観視／合理性／比較対象／美／吟味／審美眼／評価／選択／平和／交渉／結婚／諍い（いさか）／調停／パートナーシップ／契約／洗練／豪奢／黒／芥子色（からし）／深紅色／水色／薄い緑色／ベージュ

蠍座　情熱の星座

I desire.

素敵なところ

意志が強く、感情に一貫性があり、愛情深い人々です。一度愛したものはずっと長く愛し続けることができます。信頼に足る、芯の強さを持つ人です。粘り強く努力し、不可能を可能に変えます。

キーワード

融け合う心／継承／遺伝／魅力／支配／提供／共有／非常に古い記憶／放出／流動／隠されたもの／湖沼／果樹園／庭／葡萄酒／琥珀／茶色／濃い赤／カギつきの箱／ギフト

射手座　冒険の星座

I understand.

素敵なところ

冒険心に富む、オープンマインドの人々です。自他に対してごく肯定的で、恐れを知らぬ勇気と明るさで周囲を照らし出します。自分の信じるものに向かってまっすぐに生きる強さを持っています。

キーワード

冒険／挑戦／賭け／負けず嫌い／馬や牛など大きな動物／遠い外国／語学／宗教／理想／哲学／おおらかさ／自由／普遍性／スピードの出る乗り物／船／黄色／緑色／ターコイズブルー／グレー

山羊座　実現の星座

I use.

素敵なところ

夢を現実に変えることのできる人々です。自分個人の世界だけに収まる小さな夢ではなく、世の中を変えるような、大きな夢を叶えることができる力を持っています。優しく力強く、芸術的な人です。

キーワード

城を築く／行動力／実現／責任感／守備／権力／支配者／組織／芸術／伝統／骨董品／彫刻／寺院／華やかな色彩／ゴージャス／大きな楽器／黒／焦げ茶色／薄い茜色／深緑

水瓶座　思考と自由の星座

I know.

素敵なところ

自分の頭でゼロから考えようとする、澄んだ思考の持ち主です。友情に篤く、損得抜きで人と関わろうとする、静かな情熱を秘めています。ユニークなアイデアを実行に移すときは無二の輝きを放ちます。

キーワード

自由／友情／公平・平等／時代の流れ／流行／メカニズム／合理性／ユニセックス／神秘的／宇宙／飛行機／通信技術／電気／メタリック／スカイブルー／チェック、ストライプ

魚座　透明な心の星座

I believe.

素敵なところ

人と人とを分ける境界線を、自由自在に越えていく不思議な力の持ち主です。人の心にするりと入り込み、相手を支え慰めることができます。場や世界を包み込むような大きな心を持っています。

キーワード

変容／変身／愛／海／救済／犠牲／崇高／聖なるもの／無制限／変幻自在／天衣無縫／幻想／瞑想／蠱惑（こわく）／エキゾチック／ミステリアス／シースルー／黎明／白／ターコイズブルー／マリンブルー

用語解説

　星占いで用いる星々のうち、太陽と月以外の惑星と冥王星は、しばしば「逆行」します。これは、星が実際に軌道を逆走するのではなく、あくまで「地球からそう見える」ということです。

　たとえば同じ方向に向かう特急電車が普通電車を追い抜くとき、相手が後退しているように見えます。「星の逆行」は、この現象に似ています。地球も他の惑星と同様、太陽のまわりをぐるぐる回っています。ゆえに一方がもう一方を追い抜くとき、あるいは太陽の向こう側に回ったときに、相手が「逆走している」ように見えるのです。

　星占いの世界では、星が逆行するとき、その星の担うテーマにおいて停滞や混乱、イレギュラーなことが起こる、と解釈されることが一般的です。ただし、この「イレギュラー」は「不運・望ましくない展開」なのかというと、そうではありません。

　私たちは自分なりの推測や想像に基づいて未来の計画を立て、無意識に期待し、「次に起こること」を待ち受けます。その「待ち受けている」場所に思い通りのボールが飛んでこなかったとき、苛立ちや焦り、不安などを感じます。でも、そのこと自体が「悪いこと」かというと、決してそうではないはずです。なぜなら、人間の推測や想像には、限界があるか

らです。推測通りにならないことと、「不運」はまったく別の
ことです。

　星の逆行時は、私たちの推測や計画と、実際に巡ってくる
未来とが「嚙み合いにくい」ときと言えます。ゆえに、現実
に起こる出来事全体が、言わば「ガイド役・導き手」となり
ます。目の前に起こる出来事に導いてもらうような形で先に
進み、いつしか、自分の想像力では辿り着けなかった場所に
「つれていってもらえる」わけです。

　水星の逆行は年に三度ほど、一回につき3週間程度で起こ
ります。金星は約1年半ごと、火星は2年に一度ほど、他の
星は毎年太陽の反対側に回る数ヵ月、それぞれ逆行します。

　たとえば水星逆行時は、以下のようなことが言われます。

◆ 失せ物が出てくる／この時期なくしたものはあとで出てくる

◆ 旧友と再会できる

◆ 交通、コミュニケーションが混乱する

◆ 予定の変更、物事の停滞、遅延、やり直しが発生する

　これらは「悪いこと」ではなく、無意識に通り過ぎてしま
った場所に忘れ物を取りに行くような、あるいは、トンネル
を通って山の向こうへ出るような動きです。掛け違えたボタ
ンを外してはめ直すようなことができる時間なのです。

ボイドタイム—月のボイド・オブ・コース

　ボイドタイムとは、正式には「月のボイド・オブ・コース」
となります。実は、月以外の星にもボイドはあるのですが、月
のボイドタイムは3日に一度という頻度で巡ってくるので、
最も親しみやすい（？）時間と言えます。ボイドタイムの定
義は「その星が今いる星座を出るまで、他の星とアスペクト
（特別な角度）を結ばない時間帯」です。詳しくは占星術の教
科書などをあたってみて下さい。

　月のボイドタイムには、一般に、以下のようなことが言わ
れています。

◆ 予定していたことが起こらない／想定外のことが起こる
◆ ボイドタイムに着手したことは無効になる
◆ 期待通りの結果にならない
◆ ここでの心配事はあまり意味がない
◆ 取り越し苦労をしやすい
◆ 衝動買いをしやすい
◆ この時間に占いをしても、無効になる。意味がない

　ボイドをとても嫌う人も少なくないのですが、これらをよ
く見ると、「悪いことが起こる」時間ではなく、「あまりいろ
いろ気にしなくてもいい時間」と思えないでしょうか。

とはいえ、たとえば大事な手術や面接、会議などがこの時間帯に重なっていると「予定を変更したほうがいいかな？」という気持ちになる人もいると思います。

　この件では、占い手によっても様々に意見が分かれます。その人の人生観や世界観によって、解釈が変わり得る要素だと思います。

　以下は私の意見なのですが、大事な予定があって、そこにボイドや逆行が重なっていても、私自身はまったく気にしません。

　では、ボイドタイムは何の役に立つのでしょうか。一番役に立つのは「ボイドの終わる時間」です。ボイド終了時間は、星が星座から星座へ、ハウスからハウスへ移動する瞬間です。つまり、ここから新しい時間が始まるのです。

　たとえば、何かうまくいかないことがあったなら、「366日のカレンダー」を見て、ボイドタイムを確認します。もしボイドだったら、ボイド終了後に、物事が好転するかもしれません。待っているものが来るかもしれません。辛い待ち時間や気持ちの落ち込んだ時間は、決して「永遠」ではないのです。

　本書では月の位置している星座から、自分にとっての「ハウス」を読み取り、毎日の「月のテーマ」を紹介しています。ですが月にはもう一つの「時計」としての機能があります。それは、「満ち欠け」です。

　月は1ヵ月弱のサイクルで満ち欠けを繰り返します。夕方に月がふと目に入るのは、新月から満月へと月が膨らんでいく時間です。満月から新月へと月が欠けていく時間は、月が夜遅くから明け方でないと姿を現さなくなります。

　夕方に月が見える・膨らんでいく時間は「明るい月の時間」で、物事も発展的に成長・拡大していくと考えられています。一方、月がなかなか出てこない・欠けていく時間は「暗い月の時間」で、物事が縮小・凝縮していく時間となります。

　これらのことはもちろん、科学的な裏付けがあるわけではなく、あくまで「古くからの言い伝え」に近いものです。

　新月と満月のサイクルは「時間の死と再生のサイクル」です。このサイクルは、植物が繁茂しては枯れ、種によって子孫を残す、というイメージに重なります。「死」は本当の「死」ではなく、種や球根が一見眠っているように見える、その状態を意味します。

　そんな月の時間のイメージを、図にしてみました。

【新月】
種蒔き

芽が出る、新しいことを始める、目標を決める、新品を下ろす、髪を切る、悪癖をやめる、コスメなど、古いものを新しいものに替える

【上弦】
成長

勢い良く成長していく、物事を付け加える、増やす、広げる、決定していく、少し一本調子になりがち

【満月】
開花、
結実

達成、到達、充実、種の拡散、実を収穫する、人間関係の拡大、ロングスパンでの計画、このタイミングにゴールや〆切を設定しておく

【下弦】
貯蔵、
配分

加工、貯蔵、未来を見越した作業、不要品の処分、故障したものの修理、古物の再利用を考える、蒔くべき種の選別、ダイエット開始、新月の直前、材木を切り出す

【新月】
次の
種蒔き

新しい始まり、仕切り直し、軌道修正、過去とは違った選択、変更

以下、月のフェーズを六つに分けて説明してみます。

● 新月　New moon

「スタート」です。時間がリセットされ、新しい時間が始まる！というイメージのタイミングです。この日を境に悩みや迷いから抜け出せる人も多いようです。とはいえ新月の当日は、気持ちが少し不安定になる、という人もいるようです。細い針のような月が姿を現す頃には、フレッシュで爽やかな気持ちになれるはずです。日食は「特別な新月」で、1年に二度ほど起こります。ロングスパンでの「始まり」のときです。

◑ 三日月〜◑ 上弦の月　Waxing crescent - First quarter moon

ほっそりした月が半月に向かうに従って、春の草花が生き生きと繁茂するように、物事が勢い良く成長・拡大していきます。大きく育てたいものをどんどん仕込んでいけるときです。

◐ 十三夜月〜小望月(こもちづき)　Waxing gibbous moon

少量の水より、大量の水を運ぶときのほうが慎重さを必要とします。それにも似て、この時期は物事が「完成形」に近づき、細かい目配りや粘り強さ、慎重さが必要になるようです。一歩一歩確かめながら、満月というゴールに向かいます。

◯ 満月　**Full moon**

新月からおよそ2週間、物事がピークに達するタイミングです。文字通り「満ちる」ときで、「満を持して」実行に移せることもあるでしょう。大事なイベントが満月の日に計画されている、ということもよくあります。意識してそうしたのでなくとも、関係者の予定を繰り合わせたところ、自然と満月前後に物事のゴールが置かれることがあるのです。

月食は「特別な満月」で、半年から1年といったロングスパンでの「到達点」です。長期的なプロセスにおける「折り返し地点」のような出来事が起こりやすいときです。

◖ 十六夜の月〜寝待月　**Waning gibbous moon**

樹木の苗や球根を植えたい時期です。時間をかけて育てていくようなテーマが、ここでスタートさせやすいのです。また、細くなっていく月に擬えて、ダイエットを始めるのにも良い、とも言われます。植物が種をできるだけ広くまき散らそうとするように、人間関係が広がるのもこの時期です。

◗ 下弦の月〜 ◖ 二十六夜月　**Last quarter - Waning crescent moon**

秋から冬に球根が力を蓄えるように、ここでは「成熟」がテーマとなります。物事を手の中にしっかり掌握し、力をためつつ「次」を見据えてゆっくり動くときです。いたずらに物珍しいことに踊らされない、どっしりした姿勢が似合います。

◆ 太陽星座早見表　乙女座

（1930〜2025年／日本時間）

太陽が乙女座に滞在する時間帯を下記の表にまとめました。
これより前は獅子座、これより後は天秤座ということになります。

生まれた年	期　　間				生まれた年	期　　間			
1930	8/24	6:26	~	9/24	3:35	1954	8/24	1:36	~	9/23	22:54
1931	8/24	12:10	~	9/24	9:22	1955	8/24	7:19	~	9/24	4:40
1932	8/23	18:06	~	9/23	15:15	1956	8/23	13:15	~	9/23	10:34
1933	8/23	23:52	~	9/23	21:00	1957	8/23	19:08	~	9/23	16:25
1934	8/24	5:32	~	9/24	2:44	1958	8/24	0:46	~	9/23	22:08
1935	8/24	11:24	~	9/24	8:37	1959	8/24	6:44	~	9/24	4:07
1936	8/23	17:11	~	9/23	14:25	1960	8/23	12:34	~	9/23	9:58
1937	8/23	22:58	~	9/23	20:12	1961	8/23	18:19	~	9/23	15:41
1938	8/24	4:46	~	9/24	1:59	1962	8/24	0:12	~	9/23	21:34
1939	8/24	10:31	~	9/24	7:48	1963	8/24	5:58	~	9/24	3:23
1940	8/23	16:29	~	9/23	13:45	1964	8/23	11:51	~	9/23	9:16
1941	8/23	22:17	~	9/23	19:32	1965	8/23	17:43	~	9/23	15:05
1942	8/24	3:58	~	9/24	1:15	1966	8/23	23:18	~	9/23	20:42
1943	8/24	9:55	~	9/24	7:11	1967	8/24	5:12	~	9/24	2:37
1944	8/23	15:46	~	9/23	13:01	1968	8/23	11:03	~	9/23	8:25
1945	8/23	21:35	~	9/23	18:49	1969	8/23	16:43	~	9/23	14:06
1946	8/24	3:26	~	9/24	0:40	1970	8/23	22:34	~	9/23	19:58
1947	8/24	9:09	~	9/24	6:28	1971	8/24	4:15	~	9/24	1:44
1948	8/23	15:03	~	9/23	12:21	1972	8/23	10:03	~	9/23	7:32
1949	8/23	20:48	~	9/23	18:05	1973	8/23	15:53	~	9/23	13:20
1950	8/24	2:23	~	9/23	23:43	1974	8/23	21:29	~	9/23	18:57
1951	8/24	8:16	~	9/24	5:36	1975	8/24	3:24	~	9/24	0:54
1952	8/23	14:03	~	9/23	11:23	1976	8/23	9:18	~	9/23	6:47
1953	8/23	19:45	~	9/23	17:05	1977	8/23	15:00	~	9/23	12:28

生まれた年	期　　間			
1978	8/23	20:57	～ 9/23	18:24
1979	8/24	2:47	～ 9/24	0:15
1980	8/23	8:41	～ 9/23	6:08
1981	8/23	14:38	～ 9/23	12:04
1982	8/23	20:15	～ 9/23	17:45
1983	8/24	2:07	～ 9/23	23:41
1984	8/23	8:00	～ 9/23	5:32
1985	8/23	13:36	～ 9/23	11:06
1986	8/23	19:26	～ 9/23	16:58
1987	8/24	1:10	～ 9/23	22:44
1988	8/23	6:54	～ 9/23	4:28
1989	8/23	12:46	～ 9/23	10:19
1990	8/23	18:21	～ 9/23	15:55
1991	8/24	0:13	～ 9/23	21:47
1992	8/23	6:10	～ 9/23	3:42
1993	8/23	11:50	～ 9/23	9:21
1994	8/23	17:44	～ 9/23	15:18
1995	8/23	23:35	～ 9/23	21:12
1996	8/23	5:23	～ 9/23	2:59
1997	8/23	11:19	～ 9/23	8:55
1998	8/23	16:59	～ 9/23	14:36
1999	8/23	22:51	～ 9/23	20:30
2000	8/23	4:48	～ 9/23	2:27
2001	8/23	10:28	～ 9/23	8:05

生まれた年	期　　間			
2002	8/23	16:18	～ 9/23	13:55
2003	8/23	22:09	～ 9/23	19:47
2004	8/23	3:54	～ 9/23	1:30
2005	8/23	9:47	～ 9/23	7:23
2006	8/23	15:24	～ 9/23	13:03
2007	8/23	21:09	～ 9/23	18:51
2008	8/23	3:03	～ 9/23	0:45
2009	8/23	8:40	～ 9/23	6:19
2010	8/23	14:28	～ 9/23	12:09
2011	8/23	20:22	～ 9/23	18:05
2012	8/23	2:08	～ 9/22	23:49
2013	8/23	8:03	～ 9/23	5:44
2014	8/23	13:47	～ 9/23	11:29
2015	8/23	19:38	～ 9/23	17:21
2016	8/23	1:40	～ 9/22	23:21
2017	8/23	7:21	～ 9/23	5:02
2018	8/23	13:10	～ 9/23	10:54
2019	8/23	19:03	～ 9/23	16:50
2020	8/23	0:46	～ 9/22	22:31
2021	8/23	6:36	～ 9/23	4:21
2022	8/23	12:16	～ 9/23	10:03
2023	8/23	18:02	～ 9/23	15:49
2024	8/22	23:55	～ 9/22	21:43
2025	8/23	5:34	～ 9/23	3:19

おわりに

　年次版の文庫サイズ『星栞』は、本書でシリーズ5作目となりました。昨年の「スイーツ」をモチーフにした12冊はそのかわいらしさから多くの方に手に取って頂き、とても嬉しかったです。ありがとうございます！

　そして2024年版の表紙イラストは、一見して「何のテーマ？？？」となった方も少なくないかと思うのですが、実は「ペアになっているもの」で揃えてみました（！）。2024年の星の動きの「軸」の一つが、木星の牡牛座から双子座への移動です。双子座と言えば「ペア」なので、双子のようなものやペアでしか使わないようなものを、表紙のモチーフとして頂いたのです。柿崎サラさんに、とてもかわいくスタイリッシュな雰囲気に描いて頂けて、みなさんに手に取って頂くのがとても楽しみです。

　星占いの12星座には「ダブルボディーズ・サイン」と呼ばれる星座があります。すなわち、双子座、乙女座、射手座、魚座です。双子座は双子、魚座は「双魚宮」で2体です。メソポタミア時代の古い星座絵には、乙女座付近に複数の乙女が描かれています。そして、射手座は上半身が人

間、下半身が馬という、別の意味での「ダブルボディ」と
なっています。「ダブルボディーズ・サイン」は、季節の変
わり目を担当する星座です。「三寒四温」のように行きつ戻
りつしながら物事が変化していく、その複雑な時間を象徴
しているのです。私たちも、様々な「ダブルボディ」を生
きているところがあるように思います。職場と家では別の
顔を持っていたり、本音と建前が違ったり、過去の自分と
今の自分は全く違う価値観を生きていたりします。こうし
た「違い」を「八方美人」「ブレている」などと否定する向
きもありますが、むしろ、色々な自分を生きることこそが、
自由な人生、と言えないでしょうか。2024年は「自分」の
バリエーションを増やしていくような、それによって心が
解放されていくような時間となるのかもしれません。

星栞 2024年の星占い
乙女座

2023年9月30日　第1刷発行

著者　　　石井ゆかり

発行人　　石原正康
発行元　　株式会社 幻冬舎コミックス
　　　　　〒151-0051　東京都渋谷区千駄ヶ谷4-9-7
　　　　　電話 03-5411-6431 (編集)
発売元　　株式会社 幻冬舎
　　　　　〒151-0051　東京都渋谷区千駄ヶ谷4-9-7
　　　　　電話 03-5411-6222 (営業)
　　　　　振替 00120-8-767643

印刷・製本所：株式会社 光邦
デザイン：竹田麻衣子 (Lim)
DTP：株式会社 森の印刷屋、安居大輔 (Dデザイン)
STAFF：齋藤至代 (幻冬舎コミックス)、
　　　　佐藤映湖・滝澤 航 (オーキャン)、三森定史
装画：柿崎サラ